向佢告白，佢原來已經有老婆

龍震天 著

序

我寫過的書，極多；我寫過的網誌，更多。

很多客人，讀者及網友都很有心機地在我的網誌之中找尋她們想要的東西，但因為文章太多，以致很多時候都會錯失了。

感謝出版社給我機會，為我整理好一些重要的愛情文章，有系統地發表，重新出版。

書中收錄了大量有用的真實個案，讓大家可以有系統地學習感情技巧，從而讓自己一生幸福，找到自己所愛的人。

我常說，要感情好，要學習感情道理，必然要看個案，而且是真實的個案；因為我們可以從中學習一些實際的技巧，而不是憑空想像。

唯有從實際角度出發，你才可以讓你的感情概念有進步，大大提高成功機會。

感情技巧，是一個不停學習的過程，而且要不停思考；只要有心，九成的人都可以有很好的感情運。

運不通，運不到，沒有理想對象追求，極大可能是因為自己的感情知識不夠。

結實地，有決心地學習如何經營好感情，你不難發覺，原來你也可以很容易掌握感情的法則，輕易談情，手到拿來。

龍震天

目錄

CHAPTER THREE

女人梗係要有仙氣

CHAPTER FOUR

好心一早放開我

CHAPTER ONE

週週都講錢，
唔通週週都
講錢咩

和一個很愛自己但月入比自己差十倍的人，如何選擇？

愛情路上之所以難以決擇，是因為沒有一刀切。

很多女生都想得很天真，她們大學畢業，專業人士，但戀愛思維卻還是停留在幼稚園，一直在追求那些在現實不會得到的愛情。

男方有錢，高大，又對自己專一，見多識廣，任勞任怨，脾氣好，有誰不會愛？正是你打他罵他他也不會走。

但現實呢？有錢的，卻花心；有錢又專一的，脾氣又古怪暴燥；有錢專一脾氣正常，卻沒有心思愛你。

這才是現實的愛難以選擇的地方，人無完美；我們遇到的人，總會有些好處，有些不好處。

關鍵在於自己怎樣選擇，才不會選錯。

另外，客觀審視是很重要的；你要求男方一百分，那你自己值多少分？

那些一生都沒有感情的人，有可能自己分數極低，而找不到男人；也有可能自己分數「還不錯」，但卻一直想找比自己分數高的人。

最不值的，是那些九十分的女人，她們其實大可以選擇很多，找到八十分的男人而男人很愛她，但卻因為自己錯誤的價值觀，不停讓機會落空，不停想去找高質素但又要專一的男人。

女客人找我作感情諮詢時，如果女方説：「像我這樣的條件，最少也要找個醫生才配得起我呀！」我就會打冷震。

請你相信我，這些女人，大部份感情運都是不好的，因為她們太早為自己定了框架。

你去到一個陌生地方，隨便吃甚麼都可以呀，最重要是有選擇。

莫非你去到一個歐洲地方，你必定要吃唐餐館？

要吃飽及好味，一定要唐餐館嗎？

極目四望，其實整條街都有很多餐廳，而且很多食物水準都是很高

的。

所以，別太快為自己定了框，腦海之中浮現了一個真命天子；請你相信我，大部份人到後來遇到的對象，都不是她們想像的，但她們都可以有很好的感情運。

重點是，看看自己身邊有甚麼機會，再從這些機會去找一些條件比較好的，就可以了。

這是正常的博奕。

而不是一早為自己訂立好條件：對方要170cm高，碩士畢業，大公司工作，自己有樓，專業人士。

請你相信我，你有這種想法，你一生都不會找到對象。

到你身邊出現的男生都是專業人士，你才去想這個問題也不遲。

戀情博奕

龍師傅，你好，剛剛買了你的書，再在你的面書中看了許久，覺得你寫的文章很中肯，夠理性，希望你從理性既角度，能夠給予我一點意見。

> 讀心分析：只要題材適合，我都會樂意分享，最重要是有重點，而不是只寫感覺；我最怕那些「我和他拍拖三年，他對我淡了，去到分手階段，我應該挽回嗎」那些。
>
> 我的面書，的確是有很多東西看的，這包括了男女感情技巧，做人道理，你看了智慧必然會增加，也會加強你的邏輯思維。

我30歲，單身三年，之前同一齊既ex五年，佢有第三者，我地分咗手。

因為當時佢係讀書，我係做野，我哋一齊住，經濟上都是我主力承擔，所以有很多現實金錢問題令到我哋關係出現咗問題，以致佢有第三者。

> 既然男方是在讀書，那當然沒有錢，這是你知道的；那一起吵架又是為了錢，為甚麼？
>
> 我和一朋友吃飯，我說明不會帶錢，他說明請我吃飯；吃完飯了，我說沒有錢，而之前他是知道的，他也告訴我他會請我，結

果他說我為甚麼吃飯不帶錢來，然後我們就吵起上來了。

你能想像以上情況嗎？我想像不到。

第三者是他同學，佢決斷同我分手後，我癲咗，分手後呢三年時間，我都釋懷唔到，因為我真係好中意佢。

浪費人生時間的環節去到這裡就開始了，你一直不釋懷，其實是你一直都不放過自己。

也別要怪誰，不放過自己的，正是自己。

既然分手，就要繼續找另一個好了，光在等也是沒有用處的。

但很多人都不會明白這個道理，結果一直都不放過自己，努力去等，又明知等不到。

這樣就是糟糕的人生，這樣的人生叫做不幸；因為女人不能浪費時間，而很多女人因為自己的執著，偏激，而浪費自己的時間；越浪費，越有情緒，越不開心，然後惡性循環：時間浪費了，人越來越不開心，到最後痛苦不能自拔。

佢係我第一個想同佢一生一世既男仔，第一個人比到種感覺我永遠好似明我諗緊咩，響我唔開心嘅時間，永遠都係佢識點樣令我笑返，佢鼓勵我地一齊進步，曾經是有過開心嘅時間，大家都認定對方，不過到最後佢都變咗心。

這中間是有等價交換的，你負擔了他的經濟，他讓你開心；但他長大了，有自己的工作，自然不用再哄你，這是常識。

所以我常說，和一些未穩定經濟的男生拍拖，其實是兩死局面。

甚麼兩死？他一直經濟不好，沒有條件走，你要負擔他的經濟，可能會受到身邊朋友或親人的閒言閒語；到他成功了，有錢了，他因為有條件，才發覺原來外面還有很多選擇，就走了。

最不利自己的，就是這種情況。

呢三年單身既時間，有很多人追求過我，我會認識，但一去到進一步我就會縮，心裡面會覺得果個男仔性格唔似ex，唔啱feel。

這是常見的，就是自己有機會，但因為自己執著，偏激，明明客觀環境告訴你你現在很不錯，但你故意讓自己不好過，不放過自己。

之前的男生，有甚麼好？他沒有經濟基礎，只是很了解你心，這是愛。

好了，這個愛能夠持續嗎？如能夠持續，為甚麼到最後他走了的？

是他的問題嗎？還是你的問題？是否你急不及待將自己的情緒放
大，不停發放負面訊息，不停趕他走，但又很愛他？

之後出現的對象是怎樣的？有沒有經濟條件？他們對你不好？還
是他們對你好，但你總覺得他們不明白你？

不明白你甚麼？還是你在和他們交往時你不停對他們作脾氣測
試，看看他們的忍耐力去到甚麼程度？

在你的眼中，如果男生可以忍耐你，那就是值得交往嗎？

如果你之前的男生和你一起，好像甚麼都知道似的，甚麼都能哄
你，那你不就是將被愛放大嗎？

和經濟不穩定的男生拍拖，其實是兩死局面。

你多少歲了，你還是發夢階段嗎？你的愛情價值觀是甚麼？愛就是不停被愛，不停被哄嗎？

你要被哄還是不要被哄，完全是沒有問題的，問題你要在這裡就回答，兩個人一起，是否就是你全部都贏，只要找到一個不停哄你的男生就可以？

當你確認了這個立場之後，你就可以知道你需要甚麼的人。

你需要甚麼的人，不是你自己決定的，而是你自己的外在條件，內在條件，經濟基礎，氣質，個人性格而決定的。

到上年有一個男仔出現，佢冇拍過拖，佢對我好好，好純，有工返，約萬二蚊既普通工作。

看到了嗎？這是對應我之前的問題的，你先要想，你自己的經濟是否很獨立，不需要別人幫助？如不需要，那就是對方的金錢，不是你的等價交換條件。

這比起我有些客人，住公屋，月入八千，但想進上流社會，坐私人飛機，那男方的金錢必然是最大的等價交換。

再想得透徹一點，等價交換也有分重要性及不重要性的，即我們常說的priority；priority重要嗎？當然重要。

你的情況，必然是男生是否愛你，是否有專一性，人品如何是你首要考慮條件。

佢好安於現狀，問佢有咩嗜好，就話平時打吓機，冇咩追求果
種，應該都算宅男，但佢本性好好，單純啲，咩都會就我，咩都
我話事，完全冇自己主見，但生活上好多細節佢都好takecare我。

這種男生必然穩定性很強。

但當然就好有趣，問佢咩都會叫我決定，唔多嘢講，見識唔多，
好多常識都唔係好知，成日要上網查咗先答到我點解，不過都很
有心幫我。

有好當然有不好，如他有很多意見，又學多識廣，那他會愛你
嗎？如會，那為甚麼，等價交換在哪裡？
邏輯及博奕思維必然是不停客觀審視，而找到唯一的答案，不是
自己感覺。

我表明唔中意佢，佢都追左我一年幾，隨傳隨到，我搵錢多佢五、
六倍，有時一個月10倍都有，尚算專業人士；朋友話我地唔啱，
因為差距太遠。

那他其實很有誠意的，穩定性也很強；收入無疑是低，但你並不
需要別人的經濟資助，那就不是問題。

我成日就佢食茶餐廳，但我家人聽落覺得佢對我好好，叫我呢個年紀唔好再揀，但我工作上對嘅都係女人多，做嘢又忙，我驚我再搵唔到一個人對我咁好，咁就我，但佢就有上進心，冇經濟能力。」

如果要穩定下來，那這個必然是一個好選擇。

「好？有甚麼好？人工這麼低？」可能大家會問。

問這種問題的人，必然是沒有深度的人。

當我反問：「那甚麼才是好？」的時候，這些人會怎麼答？

「當然是高大，有外型，有錢，對自己好，專一又愛自己的人呀！」

如你真的這麼想，請你相信我，你一生的感情運都必然會很糟糕。

要有這些條件，有誰不想？關鍵在於現實生活之中是否遇到，機率是多少；現時年紀怎樣，身邊有沒有追求者，是否有很多追求者，這些追求者的質素如何。

在這個困局之中，只要放棄了經濟這部份，這位男生有絕對交往的理由，甚至乎去到結婚。

即使結婚你全付，又如何？如你所說，每個月月入人工有十萬，那你儲半年錢，甚麼都夠了。

這就是只看事實。

而你需要的，是一個沒有脾氣，要遷就到你的人，你要的，是一個穩定的人，那這位男生，無疑是符合了要求。

同佢傾過，佢話好中意而家份工，覺得有得食，有得瞓，有機打，冇咩問題。

一講到收入嘅問題佢就唔出聲，話會考車，到時可以轉做司機會多幾千蚊人工，剛剛佢報咗考車，我應該搵一個佢愛我多點，我唔太愛佢嘅男人嗎？

> 這當然，莫非你在想要找一個自己很愛，而對方不太愛自己的人，然後你一生都在痛苦之中，然後覺得這是愛情嗎？
>
> 請你相信我，有很多沒有思考力的女生，一生都在追求這些愛情，結果焦頭爛額，還在怪他人。
>
> 要不被分手，要有主動權，要有穩定性，必然是一開始找一個很愛自己的人，這是邏輯，也是常識。
>
> 但很多人連常識都沒有的，在愛情之中，她們自私，沒有同理心，偏激，執著，只顧將被愛放大，發脾氣，結果一生的感情運都很失敗。

但經濟上，佢又唔係太理想，但份人本質就好好，好乖，好純，我應唔應該錯過呢？

> 你經濟理想就可以了，你根本不需要經濟上的幫助。

期待師傅給予意見，謝謝你。

　　總結是，這位男生值得結交。當然，也會有人持續交往，待數年
之後才發覺自己不那麼適合而分手，中間再浪費自己數年時間，
然後重頭開始的；這些我就不討論了，因為去到感性。
　　一個人感性，是無敵的，一等於一億又可以等於零，只顧著自己
感受，這些討論我就不會了，我不是有精神病的。

祝你聖誕快樂。

認識有錢男人
改變一生的真實個案

男女之愛，最好的，就是因為認識到對方，而將自己的
一生改變。

每天收到的來信，有很多都是成功的個案，客人或網友
都會跟我分享她們的喜悅。

我常說，這些個案，全部都不是我作出來的，而是真實
發生的事情。

你不要相信我，你要相信客人或網友寫給我的東西；她
們充份說明，我是如何切實的幫助到你。

今次的成功個案，比較特別，因為她認識了一男生，而
改變了她的命運。

這種個案我久不久也會看到，之前也有一位女客人是這樣；她外表年青，樣貌身材上上，模特兒的外表及身材，她當時只是一位中學生，還在做part time賣咖啡。

及後她認識了一位條件很好，對她很認真的男生，她的命運從此而改變。

她甚麼都不用做了，只是專心陪著男方，做男方想做的事。

男方非常有錢，交際層面也不同，她開始要去酒會，開始要和不同的富太打交道。

她當然大開眼界，但同一時間，她也不知所措，因為這些東西都是她以前沒有面對過的。

我記得當時跟她分享了很多，我也很開心聽到她因為我的網誌而改變了她的一生。

今天的個案，情況類似，都是因為看了我的網誌而遇到一個條件好的男生，改變了她的一生。

戀情博奕

龍師傅，很高興這次又有好消息想跟你分享和謝謝你！

背景資料：我是個出身於單親家庭，家境清貧（不到中產階級），同時身體也有缺陷的二十多歲女生，就讀大學中；如此先天條件不足，相信找到可以長期發展的有條件男人相對比較困難。

讀心分析：我很有印象，因為這位女生外表斯文，樣子甜美，說一句話都好像要將人溶化似的；當時她在求學，還未找到對象，有點擔心。

我跟她分享，她的性格，以及外貌，絕對可以讓她有機會得到很多男人的愛；只要她適當地展現感情技巧，就會有很好的愛情運。

身體有缺陷，不是一個大問題；我印象之中她的缺陷，其實是很小的事情而已。

在這裡也要澄清一點，就是有些人會因為自己的身體有缺陷而擔心不被這個社會接納，機會降低，其實並不一定的。

多年之前，我遇到一客人，她天生皮膚有問題，整個身軀像是斑馬一樣，全身都均勻地佈滿了痣，包括面孔。

你以為她這樣沒有男人愛嗎？並不！相反，她的男朋友一個接一個，感情異常混亂，桃花太強；她的魔鬼身材，她的身體語言，讓她在愛情上從來沒有失敗過。

她的那種吸引力，是難以形容的；這也是我常說要專注多些在個

人外表及身體語言上，讓男方可以對你印象難忘就是這個道理。
這位來信的客人，她清純高貴的氣質以及那種難以抗拒的身材，
我當時就跟她言明真的不要擔心。

但因為長期看師傅的網誌和直播，還有之前上過師傅的工作坊，學到好多感情技巧，師傅所教的邏輯簡直已深深植根於我的價值觀，並幫助我在生活中作出每個大大小小的決定。

對，這是重點，就是要不停看我的網誌，而且不停的去了解，思考，這樣你必然會潛移默化，將自己變成一個很有吸引力的人。

我和現任男友交往一年半，他出身富裕家庭，見識廣博，而我們無論價值觀、個性、做事風格、思考上都十分契合，也有共同興趣，他也照顧得我無微不至，包括主動提出供我到外國讀書並和他一起生活（他居於外國）、把學費存到我的戶口、為我準備升學的文件、帶我見他的家人（我是他第一個見家長的女朋友）、帶我見他的好朋友、肯花時間陪我等等，這些都讓我相信他是對我認真的。

對，就是要看對方為自己做了甚麼事，男方要到外國，和你一起，付你全費讀書，照顧你，這些都是愛你的表現。
同一時間，自己也要留意了，這種男人不容易抓得住的，所以必然要何時都想著等價交換。

我看到你正在向著一個正確的方向前進，他肯帶你見他的朋友，
見他的家人，都證明你在他心目中佔有一定的地位，也能夠和他
的朋友，家人打成一片，這是很重要的。

很多女生在接受幸福的同時，都會覺得這是必然的，但自己從來
不付出，男方自然會在時間洗禮之後，興趣大減；所以女方必然
要同時不停客觀審視自己有甚麼東西和對方換。

溫柔，體貼，細心，照顧是必然的方向。

**就像師傅所説的，只看男人為你做什麼。除此之外，他的朋友更
是每個都有相當背景，我也因此開了眼界，他把我的見識帶到另
一層次。**

這是很重要的，就是你認識一個人，他可以帶你去到另外一個境
界，改變你的生活，甚至乎改變你的命運，這樣的男人最值得結
交。

相反的，就是那些一生都不想你進步，怕你一進步條件不同就會
被人搶走的自私男人。

能夠改變自己的愛，最值得。

例如他的朋友富裕得可以買下一個森林（我知道這聽起來很匪夷所思，但我也親身去過了），他的朋友不是律師醫生，就是老闆機師，所以這是我之前幾乎不會觸及的層面。

這確然是讓人很嚮往的事情。不過我也要再提一次，自己必然要萬分留意自己有沒有同時進步；同一時間也要看看是否能夠入侵男方的生活。

經過這一年半的時間，我深深體會到師傅所說的：有條件的男人可以改變你的一生、也能讓你個人有所提升。至於我本身對男朋友有什麼等價交換？

溫柔體貼細心照顧這些一定少不了，保持正面態度和笑容也是一定的，我還有投其所好，他喜歡足球，我就多看他喜歡的球隊新聞（有時我甚至比他快一步知道消息呢！）。

他喜歡打機，我比他更喜歡打，鑽研新招式、為他買最新出的遊戲。

他喜歡吃東西，我就和他一起去吃，為自己在他腦海製造正面影像。

他的父母的母語是比較罕見的，我就主動去學，所以見家長時留下深刻印象。

這就好，全部都是正確的方向；尤其是主動去學他父母的語言，更是對題；我見過有些很被愛的女人，她們要跟隨丈夫嫁到外國生活了，卻從來沒有想過要好好學好英文。

丈夫和自己言語不通，自然不會再溝通，了解也一定少。

兩個人有長遠的感情，就是是每天「早晨，早抖，吃了飯未，放工了嗎」這些對話嗎？

你可以當成一個笑話來聽，但真的有很多人都很不在意，還意識不到危機。

都嫁去外國生活了，自己不懂英文，那如何生活？如何在日常之中和別人溝通？

那必然沒有進步，而且自己被孤立。

所以，何時都要好好想一想，如何成為一個讓別人愛的人。

另外我認為，對有條件男人，真誠是必須的，這也是我男朋友說過喜歡我的最大優點。現在和男朋友尚未到談婚論嫁的階段，相信到時候又是另一個課題了。

這是很重要的，對男人真誠，讓他感覺被尊重，受到重視，很重要；這和被愛剛好相反，有些女生急不及待只顧被愛，到最後她們都輸得很慘，因為她們天生就有做大輸家的條件。

如果能夠對男人真誠，確實加分不少。

我之前收過一個來信，我覺得真的很可笑，她不停騙男人，卻走

來問我如何讓男人相信她。

這些都是沒有邏輯的事情。

再一次，我請你記下來，用紙筆記下來。

男人就是要女人真誠，尊重，重視。

這些東西，要做，不難，只是自己的心態而已。

總而言之，很感謝龍師傅一直寫文章與我們分享感情技巧，如果不是你，我的人生不會有這麼大的改變，謝謝你！

好的，我也謝謝你的分享，我最開心聽到成功的來信。

認識男人，是否經濟條件不能排在首位？

最近有網友問了我一個問題，我覺得很值得分享，而且也很有切入點，因為這是不少人遇到的問題。

這是關於擇偶條件的。

有錢不等於任性，沒錢更不能任性。

戀情博奕

「龍師傅：剛剛與一位男友人傾談，他說我不應把經濟能力納入擇偶條件。

他說如果是這樣的話，就算不說出來，潛意識都會讓男方覺得是為了錢而拍拖。

而男性選擇認真發展的伴侶，必然不會選這些女性，因為人有三衰六旺，怕他日失敗女伴會離去。

我自己認為擇偶條件，相處必定是排第一位，但也沒有可能不考慮經濟能力。

師傅是思維和邏輯很強的人，可否給我一點意見？謝謝你。」

讀心分析

很多時候，事情都未必會有一個實質的答案。那我們怎麼知道如何想才是正確呢？

很簡單，自己試著舉例子就可以了。

這個問題，你只需要想想，你和一男生交往，你是否完全不介意他的經濟能力？

你再想想，如果你去到speed dating，那位男生甚為有禮，大家介紹時，對方說是一位倉務員，而且月入八千，你會很喜歡，不介意，然後再作進一步了解嗎？

這個時候，對方開始不耐煩了，耍點脾氣，著你叫服務員為他加水，你會很開心照做，而且覺得自己做得不好嗎？

然後他說腳很累，著你幫他按一下腳，你會馬上趴在地上，然後讓他坐在椅子上，幫他按腳嗎？

我想機會很低吧。

再想像一個情況，你在網上交友，遇到一中年男人，五十歲了，他是一間上市公司的主席。

他告訴你，只要你願意和他吃一頓飯，他每次給你十萬元，甚麼都不用做，你會去嗎？

中間這兩個男人，有甚麼分別？

分別在於經濟能力。

你想想，你拍拖，你為的是甚麼？玩玩嗎？

要玩玩，去蘭桂坊，穿著性感一點就可以了，為甚麼不去？

你為的，是認真的愛情。

那認真的愛情，是甚麼？是愛嗎？

如果你想著是愛，那我真的很替你糟糕，因為你完全曲解了男女關係的意思。

男和女，要一起，就是要穩定生活。

何謂穩定生活？這和錢有關嗎？

當然有關。

那還不是去到錢頭上。

你去找一份工作，你是為了興趣嗎？

如那份工作人工只是一千，日做十小時，你會很開心嗎？

出糧了，你會否很害怕？

害怕甚麼？害怕老闆知道你為了那份人工而工作呀！

如你不怕，為甚麼？

因為工作就是為了錢。

當然，是否全部都為了錢？也不是，也為了個人滿足感。

如你做著一份工作不開心，那即使人工很高，你也不會做得好，做得長。

但你會否因為這樣，而否定工作是為了錢？絕對不會。

工作，除了自己喜歡那份工作，還是要有錢才可以的。

說回男女的關係。你們結婚了，那要甚麼？

也是錢。

沒有錢，是否能夠辦婚禮？

那不和錢有關，那是甚麼？

錢v.s.個人滿足感

結婚另外一樣很重要的東西，就是買樓。

買樓，要甚麼？愛嗎？

只要兩個人相愛，就會突然間有一幢樓出現？

剛開始時，大家都可以不顧現實，而去好好愛一場，做甚麼東西也可以，放假去旅行也可以，去吃豪一點的餐廳也可以。

但熱戀過後，通常是三個月左右，就會去到生活，去到現實。

現實是甚麼？愛嗎？

現實就是錢。

看起來好像很難看，但這是現實。

現實就是這樣難看的。你不願看，並不代表它不發生；相反，它一

定會發生。

那些説不要考慮男方經濟的男人，其實可以解碼，就是他本身並不有錢，而他很怕女生會用這樣的標準去衡量，所以他潛意識會反對。

當然，單向錢看是不行的，因為人生並不是為了錢。

但男方的經濟條件，必然是女方的一大考慮，怎能説經濟條件不是最重要？

女生千方百計去找不同的對象，為的是甚麼？

為的是要找一個條件好一點的男人。

何謂條件好一點？是愛你多一點嗎？當然不是。

當然是説經濟。

你還未和對方交往，你怎知道對方愛你？

那你未知道對方是否會很愛你，對你很好，那你在開始時是用甚麼條件去衡量對方的條件是否好？

當然是經濟能力。

你要找的對象，未必是要富二代，但必然不是讓你糟糕透頂，從此每天都愁生活。

你必然不用一定要找一個有錢男人（當然有就最好，因為可以改變你一生），但你總不用找一個開始時就負債一百萬，而他人工只是每月一萬元的男人吧？

為甚麼一開始時要給自己煩惱？

想想也明白，所以我不能想像，她的友人的邏輯是怎樣的。

看了對方的經濟條件，自己接受得到，然後才作交往。

交往之後，才知道對方的品如何，是否對你好，是否愛你。

考慮經濟條件好正常

但在未開始交往時，經濟條件必然是你的一大考慮要素。

另外，網友的男友人説，如果自己貪錢，那就會讓對方知道自己是貪對方的錢。

這大概是最幼稚的説法了。

為甚麼這樣説？還是看例子。

你去六星級酒店，收費高昂，她們提供最好的服務給你。

那你會否在埋單時，大聲笑著説：「你們是貪錢嗎？」

然後你會否補多一句：「你不是貪我的錢的，為了證明你們不貪錢，這頓飯我不付錢了！」

這樣可以嗎？

如不可以，那你是否會解讀成「酒店的人是很貪錢的」？

你出糧了，你會否見到老闆，怕他對你說「怎麼你這樣貪錢的？」

你會擔心這個嗎？你不是貪錢嗎？你工作，公司付人工給你，這即等於你貪錢？

我無法想像這樣的邏輯，會在一個成了年的男人口中說出來。

他自己有沒有邏輯的？

你生了小孩，小孩要你照顧，那你會否對著你的兒子說：「你怎麼這樣貪錢？」

能夠有這說法的人，他們的腦海中是這樣想的。

你喜歡有條件的男人，並不是貪，而是對你的幸福有最基本的保障。

當然，男人有條件，跟你交往之後，還是可以變心的，但這是另一個問題。

好好想想這些邏輯，我難以想像會有人這樣想，說這樣的話，還要是一個成年人。

第一次約會去快餐店每人只是 HKD50 還要 AA，是值得交往的男人嗎？

我收到的個案極多，其中有些看得我咬牙切齒的，急不及待要分享的，又可以幫得到大家的，好像這一個。

看了之後，你必然會明白為甚麼我要急不及待分享了，因為我真的想讓你知道，在這個世界之中，真的有很多很核突的人。

戀情博奕

師傅，你好！剛聽了最一集的情到龍匙，加之前兩篇講男女食飯的文章，剛好我又遇上類似事件，想跟師傅分享一下：

我今年27歲，從小就在缺乏異性的環境長大，父親早逝，讀女校，出社會又在小公司工作，唯一的戀愛經驗，很不幸地是一段婚外情。

> 讀心分析：有些時候，成長的環境確實會影響了一個人的感情運，好像這個例子，網友讀女校長大，男女社交技巧自然不會太熟絡；出來社會做事之後，公司也沒有很多機會讓自己結識男生，所以感情運比較不順利。
>
> 第一次就是婚外情，也會影響整體對感情的觀感，因為這不是正常的愛情，一般而言未必會有結果，也就會對將來的感情有影響。
>
> 還好網友已和那位已婚男士分開了。

這段感情已經完結就不多談及；儘管心裡還是掛念他，但正因為有和他在一起的兩年光陰，我更加驚覺我作為女人真的是時日無多，也因為他，曾有一段時間讓我很懷疑自己的價值，不是說他對我很差，但結論上來說，我從來都沒有成為過任何一個男性心目中的第一位，這讓我感到對自己非常否定。

兩年時間其實不短，但過去了，就讓他過去，總要向前看。

也說出了一個重點，女人的光陰真是有限，所以我很訝異為甚麼
有很多女生會不停明顯地浪費自己青春，而且一點也不介意。

這種女生，真的要認清一個事實，你過後後悔，你用畢生積蓄，
也無法買回你浪費了的人生，永遠也不能回頭。

現時26歲，還可以，不會不能回頭。

第一次約會便去茶餐廳還要 AA 制，有問題嗎？

其實到現在我還時不時會這樣想，我換了工作，但可惜新環境也不能為我帶來新的邂逅，所以我開始了用交友app，即使沒有找到戀情，但透過跟不同男性談話，也許能讓我建立回我的自信，以及學習和異性溝通的技巧。

這是正確的感情觀念，必然要不停審視自己機會，別要被動光坐在原地，而期望突然間有一個白馬王子出現，給你幸福。

開始用app一星期後，成功交談的對象不少，當中有不少才說幾句就問可否交換wechat之類的。

我也不太喜歡每次也要打開那appchatting，所以也答應了幾個人。

Wechat還可以的，不過小心，有些人你是不可以給他Wechat的：

‧南亞人；

‧外國人；

‧一開始時說不到兩句就問你是否可以出來的人；

‧一開始時說不到兩句就問你是否可以有男女關係的人；

‧一開始時說不到兩句就突然間變得很親切的人，例如稱呼你做darling，babe等，真是聽到都打冷震。

當中，有兩個臉長得比較好的，給了我一點感想，想分享一下第一個是我實際見過面的，實在讓我很理解他為什麼有這樣的條件卻沒有女朋友。

這段分享很珍貴，完全說出了我之前的理論。

首先他和我的對話中，讓我很輕易感受我是他眾多選擇裡的其中一個。

我和他說幾句話就交換了wechat，又多談幾句，便問可否約lunch。

除了太急進外，我覺得故意選擇lunch是讓他可以快速以最低成本了解這位女生是否適合他，而他根本沒有打算在文字裡先了解對方。

這種人太沒有誠意，也顯得核突。

這讓我感到不太舒服。不過我也懶得打字，他可以快了解我，同樣也省我時間，所以我接受了。

有些時候，有些時間還是要花的，如不願意了解，就有可能貨不對辦。

我的基本觀念是，你要和一個男人相約出來，最少你要知道以下
東西：

- 他的職業；
- 他的家庭狀況，例如他父母是否健在，他是否有兄弟姊妹等；
- 他住在那一區，未必要詳細地址，但最少也可以知道住在那一
  區；
- 他在那一區工作；
- 他的興趣。

表面上，你要了解他這麼多，好像要很花時間，但其實不然；因
為你相約了他出來，你更容易被表象所迷惑，交上了一個不適合
的人，更浪費自己時間。

網友自己也要想想，感情這回事，必然是了解得越多越好；未深
入了解就出來，其實也是浪費時間的一種。

*而他他算是半強迫地說約在我公司附近lunch，我指出我需要很準
時，時間太趕，他就說他先取位，但我說ok後，他就約我在一個
大樓的樓下等，是失憶了嗎？*

如半強迫就不要出來了，再者，約吃午餐也是有問題的，因為時
間有限，而且大家也可能在不同地區工作。

例如男的在旺角，女的在灣仔，放工相約自然沒有問題，但午餐
只有一個小時，男的要從旺角來，來回也要一個小時吧？

在這裡，我需要你看到一個很重要的重點。

你看到了嗎？

重點是，為甚麼女方一直都交不到「放自己在第一位的對象」？

關鍵是，她一開始時，就沒有好好選擇：只食lunch，照殺，沒有了解就出來，照殺；開始時交往說了數句就拿wechat，照殺；食lunch明明說好要先拿好位卻變成在大廈門口等，照殺。

你有這種想法，你必然不會交到「將你放在第一位」的男生。

如果男生沒有放你在第一位，那就不要出來好了。

你想想，你去買橙，你一開始時就很趕時間，胡亂地在果欄路邊檢了數個橙回家，你能夠期望那些橙會很好嗎？

這個問題，是網友的預備功夫不夠。

我也懶得提他，但在我心裡已經扣了分。

當我答應了他出來吃飯，確認好日期之後，他說他現在正在吃飯，吃完text我，然後便失蹤了，一過便四天，即約定的前一天才再text我，問我是否明天吃lunch。

這種是甚麼人你知道嗎？如我是你，我必然不出來。

如他放你在一個很重要的位置，他會否四天不text你？自己想想。

這必然不是一個適合你交往的人。

往後如何發展都好，開始時最少找一個有誠意的；之後男方變了

心，那也沒有辦法，有可能兩個人真的性格不合，但最少開始時找一個對自己有誠意的人，這是很重要的。

一開始時甚麼誠意也沒有，讓你一點溫暖也沒有，你期望在和你見面之後，這個男的會突然變得很有誠意，對你很好，將你放在首位嗎？完全沒有可能。

我當你很忙，但之前說要text我的不是你嗎？

現在四天消失了，突然若無其事問我明天是否lunch，而且是辦公時間。

我兩小時沒回覆，他就追問我是否不行，如是就請告知，讓我感到不被尊重。

其實真的不用見面了。

約出來後，他便隨手指一間茶餐廳問我去這裡吃好不好，我說無所謂，坐下後，他讚我說很少女生像我漂亮卻又這麼隨和。

然後便不停講一些很不好笑的笑話，也會稱讚我漂亮，聰明等等，但就略為造作。

我是一個很懂得配合氣氛的人，也沒讓他難堪，他在對話中有意無意表達自己懂得很多東西，是管理層，很上進等等，讓我覺得頗為無言，而且他只想說自己想說的話，只想問自己想問的事，

我問他的他就隨便回答幾句，問我的卻自以為高明卻都被我看穿的手法去調查我。

這種人必然不是好人，如果真的是管理層，又這樣又那樣，那就請做一些事情來配合。

例如是否第一次見面就相約你到酒店高級餐廳吃飯？第一次甚麼預備也沒有，隨手指著一間快餐店，他的誠意你想像得到。

也不用說自己是甚麼老闆或有甚麼巴閉了。

我想起我之前一位做保險的男性朋友，他的太太，我到現在還記得。

他的太太狗眼看人低，性格極有問題；其實我和她丈夫相交二十年，大家是甚麼環境，心裡有數。

但他太太一出來，不停說自己怎樣生活豪華，怎樣生活質素好，我真的不知如何應對；而她丈夫，數天之前還在問我拿生意，說這個月開不到單，不夠錢供樓。

所以，如果真的要說那樣的話，就想想自己是否真的是那樣的人。

另有一位朋友，他很喜歡做大佬，很喜歡故作豪氣，很想很多人，人前人後去奉承他。

大家看了也只覺好笑，因為他真的沒有甚麼機會請朋友吃飯。

另有一位多年好友，他是真正的大老闆；他的生意不算很大，但當然也很可觀；而他有「做老闆」的特質。

甚麼特質？他每次和任何一位朋友吃飯，都會主動埋單，而且是搶埋單那種。

你沒有那個豪氣，你不會做這些東西。

如果自己真的是那個位置，那你必然要做相應的事情。

你一方面又要說自己是甚麼大哥，一方面又要別人如何讓你，行動上又說明自己是弱者，那是甚麼心態？

自己好好想想。

比如說很快便問我什麼星座，然後一邊分析星座，一邊看我回答 yes or no，以此去了解我的性格以及看我的反應。

不過沒所謂，我配合度很高，他要的氣氛我全部都給他了。

到最後埋單才肉酸，我們的餐每人50元，他就取出了50元然後放在桌面，即擺明不會請你的態度。

男人做到這些，真的很核突。每人HKD50.00，那算得是多少錢？正是茶餐廳侍應也可以付得起吧？

再者，即使他和你第一次見面不合都好，大方點請你吃個飯也是可以吧？這是男人的風度。

但他沒有，那只是說明一點，他很核突。

不要說男女朋友了，普通的朋友，也可以請吃飯的，因為真的不貴。

我想到有兩次經驗。

第一次，在上環吃早餐，偶然遇到在上環賣DVD的老闆，我和他雖然認得，但我們真的不熟，只是我常常去光顧他而已。

和他談了一會，他先走，而他竟然主動幫我埋單，我真的很不好意思。

我們當然不是拍拖吧？嚴格來說朋友也不是，但既然相識，又遇到，其實誰請誰也沒有所謂的。

只是快餐店一個早餐，花得了多少錢？

另一次，更是讓我不好意思，我在新釗記吃早餐。

吃早餐時有一位網友認得出是我，他主動過來打招呼，也算了，他竟然主動說要請我吃早餐，真的讓我感到很不好意思。

我也不是和他拍拖吧？真的只是素未謀面的朋友，也可以請我吃早餐。

在這情況下，算是男女第一次見面約會吧？去甚麼地方？高級餐廳？絕對不是，只是一間快餐店而已，每人只是HKD50.00。

吃完飯之後男方竟然主動拿HKD50.00出來？要甚麼男人才做得到？

真的很核突。

網友簡直是浪費了自己的時間。

讓我馬上想起師傅之前分享的文章。

男生要用付錢來測試女生，女生也同樣可以以此來評鑑一個男生。

HKD50.00我付不起嗎？只是HKD50.00就讓我剛好把他的分數全部扣到零分。

到我拿HKD100.00出來，拿走他的HKD50.00放回錢包，他說他拿去付再找錢給我，有需要嗎？

我便說我已經拿了你的HKD50.00當找贖，我再拿出去付就可以了。

出去後，他還很開心地又講了個不好笑的笑話，然後分別後馬上text我問我有沒有instagram　account給他，可惜我已經不想再跟他說話了，除了以上眾多point外，大概是我和他應該絕對的談不來。

　　真的是浪費了時間了，還好女方沒有想著和他有甚麼發展，否則必然是不幸的開始。

　　網上有一篇由男生寫的感性文章「第一次男女約會男方堅決AA來測試女方」，這個就是實例。

　　對方有甚麼想法，真的是沒有甚麼問題的，關鍵在於，你有甚麼

想法。

男方要測試你，是沒有問題的，關鍵在於，你會否欣然接受，而
覺得這是一個適合的人。

第二個男生，本來對話都不算密，但都是閒話家常，忽然他問我
有否運動，我說沒有，然後他就提到按淋巴，說帶我去按，以及
吃他之前提過的小食。

這種男生要小心，現時網上交友，多了這種Sales男，叫你去做
facial，開始時說自己怎樣經歷豐富，周遊列國，對家人好，真
是不知所謂。

我婉轉表示不想按，他就在游說我，更表示「你是不是怕sell？」

這種人真是說多一句也浪費時間。

明明一直都不是 *on time* 回覆，說到淋巴就那麼*on time*，就算你
真的不是*sales*，我也很難不懷疑吧？

普通一個女生會那麼快就跟一個剛認識一星期的男生去按淋巴嗎？

然後我也沒有回覆他了。

現在正跟其他幾名男生對話，他們一開始便有注意到我profile pic
裡的特點，以此展開話題，並且開展了話題匣，更是用心的對

話，有了解我的部份，也有告知我有關於他的部份，我覺得這才是正常的chatting。

這就對了，不用太急，因為急也沒有用處；相反，應該要小心交友，看看那些人是「將你放在第一位的人」。

也當然，有些搵食男開始時也是照顧週到的，但你必然可以從對話之中看到問題所在，例如他是否很急色，是否不太願意了解你，只想約你出來，之類。

即使我沒能在app裡找到另一半，但相信我也能學習不少。

這是必然的。

經歷過上一段感情，我是有過著急的時候，現在也有時覺得很著急，但我覺得最重要是知道自己要什麼，怎樣是最舒服，而且也令對方舒服。

也知道怎樣理性去對待感情，不是喜歡兩個字就可以。所以，我決定如果努力過後都沒找到這個人，那也只能認命，好好去過自己的生活。

對，這是很正確的價值觀，我提議網友們抄下來，自己記住。

CHAPTER TWO

一世人流流長，
總會遇到
幾個賤人

如何辨別網上交友的男人是甚麼人？

網上交友，真是讓人又愛又恨；愛的是你可以馬上有大量機會去結識男生；恨的是甚麼人也有，你必然要小心辨別。

今次的來信，是一位網友分享，她想分享 Whatsapp 技巧，以及在開始時如何快速確認對方是否值得交往的人。

戀情博奕

龍師傅你好,新年快樂,昨日聽了你「情到龍匙」的Whatsapp技巧,我亦都想講下我在網上識人的Whatsapp技巧,我在網上識人已經有幾年,因為傾得多些,會容易辨別那些搵食男。

　　讀心分析:很好,透過網友分享,大家又可以長知識。

通常我都會講一些嘢,試探下對方其實想點,因為我不想到最尾先發現原來是來搵食的,浪費時間;有些搵SP搵食的還好,他們會明賣明買的講明是想SEX方面的事。

　　如果是找SP,擺明車馬,那簡單得多;最怕是那些開始時你覺得他很有心,又有手段,又說很認真之類。

但有些就不然,例如最近我傾了兩個男仔,一個明顯真的搵女朋友,好清晰的,會問一些關於我工作,生活嘅嘢,佢自己亦會問我是否SINGLE,佢講佢想識女朋友,但此位男仔,樣貌比較醜。

　　對,如果對方認真,他必然會肯花時間了解自己,他真的會去了解你的性格,喜好,再去估計是否適合自己才會和你發展;這類男生最好。

但另一個，我見佢講自己條件非常不錯，40歲相片的樣貌是會令人接受那種，做生意的，但以前係做psychologist，在英美都讀過書，我問佢點解唔做佢話因為做生意比較靈活同free，可以搵更多錢。

> 這些就要小心。開始時很吸引的profile，到最後真的會讓你失望的。
>
> 另外一樣，做生意等於甚麼你知道嗎？
>
> 男人沒有工作，不會說自己沒有工作的，因為這樣結識女生的機會是零。
>
> 他們都會說自己做生意。
>
> 做生意，其實很大程度都是沒有工作。
>
> 這種男生最不值得交往，因為你不知道將來和他發展會如何。
>
> 如果對方說做生意，那你必然要問他做甚麼生意。
>
> 如果是home office，說得不清不楚，必然不能結交。

佢話做韓國化妝品生意，平時生活喜歡游水，睇戲，整嘢食。

> 這些就是很空泛了。

我得出一個感覺，佢表面上咁有條件，仲已經40歲，其實真係唔多洗係網上搵gf，要搵應該已經搵咗⋯我覺得唔係好正常。

我只不過同佢傾咗兩日，當日星期日中午我再同佢傾，傾得很正常自然，我仲問佢今日有咩搞，佢話整嘢食，整蛋糕，因為佢爸

爸生日，我祝福完佢dad之後，我見傾得好好地，我就問佢一句，「點解上網識人」，如果佢唔答一定有啲問題。

果然佢真係有再答我，我之後hi了他兩日，都冇再覆我。

因為根據我以往經驗，問呢句，基本上無論真定假，啲人都會覆我，但呢個即刻唔覆，我認對方可能搵食，亦都可能性格有問題，唔like我咁問。

> 其實我不覺得有甚麼問題。為甚麼在網上識人，說自己在日常社交圈子認識不到女生就可以了；換個角度來看，你也不正是在網上識人嗎？所以其實是沒有問題的。
> 但如果是搵食，就大有機會坦白去說，說自己其實是在網上搵食。
> 又或者說個大話，說自己想找認真的感情之類，那就開始要瞞騙對方。
> 所以自己要小心一點，問這條問題，我不覺有問題的。

不知龍師傅意見如何，我的做法是否合當？我希望師傅能夠抽中我解答，當然公開都冇問題啦

在此再次祝你身體健康，生活愉快，生意興隆。

> 如果對方是認真，那他必然可以很大方說在日常社交圈子認識不到女生，我覺得可以的。
> 問這條問題，某程度上也可以了解對方是否認真；當然，如果對方有心瞞騙自己那又是另一回事了。
> 網上交友，真的千奇百怪；那些自己在家整蛋糕給爸爸之類的說話，聽過就算了。

網上交友遇到 Sale 男全披露及詳細分析

今天和大家分享一個很實用的個案，是關於網上交友的。

現時很多人都會網上交友，我也很贊成，因為這是一個很快而且很見效的方法，讓你在很短時間之內認識男生；但同一時間，你當然也要留意，網上交友的質素沒有保證，自己必然要帶眼識人，才不致於被騙。

我也説過很多次，別因為在網上交友有機會認識到壞人而放棄用此方法，這等於去上班賺錢無法保證不會被炒或做得不開心，找到不適合的工作而一生不找工作，怕吃東西會吃到不潔食物而一生都不吃東西一樣，這是常識。

最重要是，自己一定要有清晰的思考力，必然要用心留意每一個人，這樣就能夠確保不會交到壞人。

難嗎？其實不難，只是需要一點技巧而已。

我會教你實用而且很簡單的技巧，再加上不斷有大量個案給你看，你必然會學到很多東西。

這比起很多無謂網站好看多了。有些感性網站，亂寫一通，全部都不是真實的事情，也沒有實例分享，只是那些感性作家自我精神分裂不停出現幻覺而寫出來的東西而已。

我的感情個案，全部都是我親身聽客人説的，又或者是網友來信，百分之一百萬真實。

今天我們要説一類男生：Sales男。

這類男生，其實我聽過多次，也是最近兩年興起的事。他們以認識女朋友為名，其實是在推銷，這種人必然浪費你時間，弄得不好還會有財物損失。

好了，我們看看，這些Sales男是如何運騙女生的。

真實騙財Sales男個案

*龍師傅您好，本人自知桃花是聊勝於無的程度，不過感恩人緣還
不錯，身邊多是善緣。*

*而最近就發生一件令我頗為困惑的事，但身邊朋友包括一些搵食
男正經男同志男的朋友都有給予我意見，似乎令我幸免於難。*

*然後偶然一日在網上某論壇發現原來有不少女網友都曾經同我有
過差不多的經歷，所以想寄信來同師傅您分享下，亦希望聽聽師
傅意見我有無做錯。*

> 讀心分析：當然無任歡迎，這些真實而實用的個案不可多得，我
> 是很樂意分享而且給予意見的；也可以幫助大家在思維上有所進
> 步，到遇到這些男生時都會有百分之一百萬的警覺性。

*更重要的目的是，希望如果這一刻有網友都同樣在經歷類似事情
的話，可以給予她們一些意見。(可能有點長，先道聲抱歉)*

*事緣在聖誕節那星期FB突然有一個男的Add我做朋友，坦白講平
時都有，但都不理會，但這一次因為對方外表是我頗為心儀的類
型，於是就按下了Accept。*

> 這很危險的，危險甚麼？就是有陌生人主動加自己做朋友，必然
> 不會是很好的事；即使我當他真正想追求你也好，也是毫無根

據。

為甚麼這樣說？因為他對你一無所知，而facebook比較真實，你真的會放平日的事情，去過的地方，認識的人在裡面，所以一般情況下我不會建議accept，除非是朋友的朋友，甚至乎是朋友的朋友的朋友也可，最少有根有據。

而網上交友則大不相同，因為他不知你任何東西，你想說甚麼，他才知道甚麼，這比起facebook好得多了。

除非你看到facebook他有很多update則當別論，但機會差不多等於零。

為甚麼？

因為他用facebook去認識你，你是唯一一個嗎？別太看高自己了，他必然用同一個account，不停去加不同的人，形同釣魚。

如果是這樣，他會用真實的facebook嗎？當然不會。

之後很快他就在Messenger inbox我，開場白是「唔好意思呀我諗我Add錯你，最初見你個名同我隔籬部門新來的女同事有啲似，以為你係佢」

當然不會，新同事新來就要add嗎？這個男人有病嗎？自己用腦袋想一想。

你自己也想一想，你看到一個新同事，你不當面問他facebook，你自己在網上找他嗎？然後加錯了，就說加錯順道認識那男生

嗎？是生病嗎？

好了，當上述的東西是真的，他開場白是說add錯了你嗎？

為甚麼他不是一開始時就說「Mary你好，我是CPC　team那邊的
Edward呀，很高興認識你」這樣？

這不是騙案嗎？

很多東西不用人說的，自己稍為想一想就知道了。

一世人流流長，難免遇到幾個賤人。

本身都信是真話，所以拋下一句「如果你真是對人哋有興趣嘅就鼓起勇氣直接問人拎fb啦，Merry Christmas」

你已經入局了。他也知道你入局，為甚麼？

如果你是抗拒的，你開始時必然不會add他。你add了他，他說add錯了，你還可以這樣禮貌周周對待他。

這些全部都是博奕，解碼，心理學。

其實真的沒想太多，打算鼓勵下他然後就unfriend了..怎知過了一陣子，他就再傳來「如果你不介意的就當識多個朋友啦」「因為我平時都成日不在香港已經好少機會識朋友，咁樣識到你都幾搞笑」「messenger少用不如用whatsapp？」..於是乎，我們交換了電話用whatsapp傾。

這是典型的賣保險手法。相信你最少也會遇過超過三個朋友，做保險的，對你這樣說：

「不是要你買，但聽聽也沒有損失呀！」

他真的是不要你買嗎？他不要你買，那要你聽來做甚麼？神經嗎？

你難道以為他真心想幫你？

如果依照這個邏輯，他就抓住了人性的弱點，就對你說「我也加了你了，就當認識多一個朋友吧！」

當然，認識多一個朋友是完全沒有問題的，我也不停認識很多新

朋友：問題是，他真的是只想和你做朋友嗎？

接下來的一個星期每日都有訊息往來，不密的，好似食藥咁每日
早晚一至兩個。過程中都幾有趣，對方每次都會發一大段文字過
來，內容主要圍繞自己，目的似是闡述自己背景，正確一點是他
想讓你知道的背景資料，切入點很自然是工作。

這些人很明顯是有目的了，他們所打的文字，也不是只給你一
個，而是一早打好再不停copy and paste給不同的女生，看看有
誰中計。

要騙人，就度身訂造一些文字吧。

他會說自己上年剛從澳洲回來，做澳洲教育的工作，經常要同當
地學校校長教授開會，經常飛澳洲啦。

他們都是很急不及待說自己很忙和事業有多成功的。

其實到這裡可以隨便問一下，去澳洲那個地方較多，待對方再
答，然後再問，看看中間是否會有一些線索給你看到。

不過最好的方法，當然是一開始時就不要加這種人做朋友，省回
不少時間。

以前很忙架，無時間識朋友，現在上了軌道多了時間陪家人飲茶，閒時又會去老人院做義工。

這種膠人好像都是畫出來的，話題開始帶到如何對家人好，如何有親情，還要去老人院做義工。

去到這個位，也當然可以問他做過那間老人院；如你剛好也做義工，他馬腳必然即時露出來。

又或者，他好像答到你，但答得很模糊，例如：「也是那幾間啦，哈哈，多到我都唔記得了」之類，你也可以看到他露出馬腳。

因為之前無時間對家人有遺憾現在叫做心理上的一點補償。

請你留意，網上交友，和陌生人交談，一開始時不會說得這樣假的；換轉是你，你自己也不會吧？你莫非會說「我呀，以前唔識諗嫁，一直都很忙碌於工作，沒有時間去交男朋友，現在開始知道浪費青春了，趕緊趁著有人要的時候，快快搵一個好人家嫁啦，哈哈！你呢？你有無諗結婚嫁」這樣嗎？

你看到也會打冷震吧，將心比己，自己加點思考力，不難想得到。

請你留意，這不是相識了五年的朋友的對話，這是一個素未謀面的陌生人交談。

陌生人交談不會這樣的。

公餘呢，喜歡出海，下廚整兩味，

> 開始突顯自己是住家男人了，總之他要將自己打造成你最喜歡的
> 對象：經濟有基礎，事業心重，有愛心，對家人好，穩定，有責
> 任心。

做水磨按摩。

> 公餘只是興趣，即使說按摩也只是興趣；用按摩去做興趣已經很
> 少了，你不妨想像一下，你去填問卷，是婚姻介紹所也好，網上
> 交友也好，見工也好，你會說自己的興趣是按摩嗎？
> 稍為用腦袋想想就知道不會吧？
> 還要是水磨按摩這麼specific？
> 馬腳露出來了，他是水磨按摩店的sales，在開始時無意之間提
> 起，讓你開始適應。
> 下次去到這裡，就不要相約了，馬上要block。
> 真的，沒有人說自己的興趣是按摩的，這是常識。
> 以此引伸，也沒有人會說自己的興趣是做facial的，尤其是男生。

**家人呢，父母在大陸設廠以前關係不算好，依家做了少少成績（
又再強調）多了時間陪家人。在對話之間，還會加插不少相片，
相片有他本人和他媽媽（這個我不懷疑，因為真係幾似樣）還有
看似他背影登上遊艇的相片，還有看不清是哪裡模模糊糊似是船**

上拍的風景照，還有一盤盤美食照，燒蕃茄烤羊鞍，很是美味的樣子。而在每一段「説故事」的文字最後一句，通常都會是一個問句，是有點突兀的轉折問句。比如：「以前在澳洲慣了那邊生活，那邊生活輕鬆啲，節奏慢啲，返到來香港會唔慣，你慣不慣香港生活嫁？你份工好似好辛苦」（咦我只提過自己做什麼行業，都沒講過細節，為什麼他會咁體貼話我份工辛苦？）

因為他要營造互動效果，但他是沒有太多時間理會你的，即使你答了，他也會只是隨便一兩個yes no或加一個emoji，因為他要不停和很多女生同時對話。

而那些都是template來的，所以有時候會不對題。

你不覺得很假嗎？為甚麼他食羊鞍要照相給你？就是要讓你想像和他一起去西餐廳的情景。

有沒有想過退休去邊度生活？

這是奇怪的問題，媽的，我這麼後生，工作得一頭煙，我還在想要如何在事業上再進一步，你問我退休想去哪裡？

而不知是否我理解力差，一直交談以為他一直在澳洲生活，最近先回流，亦以為他潛台詞會想帶出自己想在澳洲退休。而我又不知道是否自己識人少，好少有如此「優質條件」的男生朋友。

這不是實際存在的人，這是寫出來的人，膠人。

不知道有錢人是否都會喜歡剛剛識人的時候，就問人退休這類人
生規劃嚴肅的問題，以判斷對方是否值得交往的人…

一見到他這問題，我記得只在電話前冷笑了一下：「哈，退休」

然後半夜回到家先答他：「退休？這一刻怎可以說定？可能澳洲可
能台灣可能韓國啦，總之不太想在香港就對了。（其實我壓根兒就
沒想到這麼遠，更何況這問題不是要看很多因素嗎？現在說來根本
覺得是不切實際，所以本來就只是投其所好隨便說說澳洲而已）」

但是，我這下自以為的投其所好錯了..他忽然愛國愛港起來，「香
港始終係我成長的地方..家人又在香港，家人很重要..」

這是膠人的對話接合得不好出錯而已。

膠人template對答，出錯的機會其實是很高的，因為他根本沒有
時間修正，他極可能同時和50個以上的女生作同樣的對答。

還有很多奇奇怪怪的問題和對答，但因為我本身對人的戒心真的
不強，所以當下一刻雖然覺得有點搞笑，但因一樣米養百樣人，
每個人性格不一樣，所以有這類意想不到的對話亦很正常。

自己下次要小心了，因為這種人根本一開始時就不應該加，即使
加了也有多個位置看到他其實是膠人，是推銷員，是佈局騙你的

財，引你上當，引你出來，去到他的地頭，然後落閘。

這是我自己想像出來的嗎？絕對不是，我之前在我的課程有說過這類型的男生的手影，我也最少聽過十次或以上這類型的男生，有些客人很好，她甚至乎cap screen整理好所有筆記給我。

一直都真的抱住識多個朋友的心態去交談。如是者訊息往來了大概一星期之後，他會話他喜歡同朋友見面食飯的，提議 *the following week* 出來見面，然後忽然就會由打字變成錄音（營造一個親切/親密的感覺似的）。

有可能是，另一個可能是他開始不能膠了，因為約時間吃飯不能預先打好template，也會隨時改變，而他是沒有時間逐個打字的，所以必然是錄音。

最初，因為那周末真的沒空，所以我星期一早上就話星期三/四再覆實他。然後事情就變得更有趣起來了。

在我「拒絕」了他這兩日裡面，他的信息由之前的一日兩則，字數過50的頻率，變成0。

去到這裡，他的template用完了，他也當然不會用心告訴你他每日做了甚麼，去了哪裡，因為他真的沒有這個時間，他還要和很多女生談的。

總之，銷售程序就去到這裏，如果你中計就見面，如果你不中計就下一個，就是這樣。

到了星期三，我 "hi~~"，他只覆「點呀你」。

當然是這樣回覆，你知道是為甚麼嗎？因為他根本連你是誰也忘記了；在這三天之中，他極有可能又另外和一百個女生說同樣的話，他是沒有可能記住你的。

因為這短短三個字，令我感到的是「好無禮貌」。

然後，我問「方不方便打給你講兩句」。

我的原意是，如果真的打算見面，基於我自認為的禮貌準則，打個電話親口講一聲「我星期日可以出來呀」。

應約似乎是對對方應有的尊重吧，亦在見面前先熱個身而已吧..但對方當下一刻的回覆錄音是再一次令我覺得「好無禮貌」。「咩呀~我唔係約緊你星期六日咩？依家唔得呀，電話今晚再打啦」

好吧，那我用文字回覆他一句啦..然後，忽然他的態度又變好，聲線又變溫柔一點了~「好啦，咁約實你星期日㗎喇。」

關於當日的節目，他說會搵，因為念到他公事忙，我就話我都可以搵㗎，又問他有無地方想去/想做的。

節目不知道，到時出來再諗？當然，因為他要哄你上去他公司呀！

正常男女約會，大致必然會有個地點，最好是預先book位那種。也順帶一提，如果男女初次約會，男方完全沒有預備，只說在地鐵站等，那意味著男方極有可能不重視你，也有可能是sales，自己要小心。

他只一句：「我諗啦。」

而當晚當然是沒有真的互通電話，星期三口頭上應約，距離星期日都還有幾日時間。

在星期四，他話自己會飛新加坡meeting，少覆電話，於是乎，幾日來我們沒有交談。

在這幾日期間，其實我一直還在想是否真的出來見面，不過很有趣地FB有另一個人Add我，profile pic甚至是同今次事情主角同風格的，開場白亦竟然差不多，於是我真正開始起疑心，竟在一個論壇上發現有人同我的經歷一模一樣的事..分別只在於她們已經找到答案。

這個其實是他同事來的，為甚麼他同事會add你？很簡單，因為他add了你，可能facebook的系統自己彈出你的profile，建議「你可能認識的人」，他也沒有細細想，就加了。

很多事情都可以解碼的，自己要想想。

在星期六晚當他說「我返黎喇~聽日約左你噃」之後我做了一件至
今日都不知是做對了還是做錯了的事—露底牌。

我有衡量過這舉動的預期後果，但最終覺得一是多個朋友，一是沒了
個未算上朋友的網友，沒有損失，而結果亦沒有那麼的意想之外。

我那段文字內容大概是話他根本就不是做什麼澳洲教育，實情估
計是想sell按摩？如果是咁，我唔會出來見面喇喇，不想浪費大家
時間之類。

> 其實自己想通了，放他飛機也是一個很好的做法，讓他不停等呀
> 等，你還可以一直玩他，不停說找不到，一時又說到了。
>
> 請不要覺得我有問題，冷血，對付這種人，確是需要這種技巧
> 的。
>
> 當然，最好就是一開始時就不要開始對話。
>
> 又或者有人會天真的問：「師傅，不是呀，如果他真的是想認識
> 我呢？」
>
> 請放心吧，感性人才會這樣想，這種男人，賣按摩的機率是百分
> 之一百萬。
>
> 如你覺得不是，那為甚麼你覺得不是呢？
>
> 感性人，永遠要到事情發生之後，有損失之後，被人傷害之後才
> 知道真相；理性的人，事情未發生之前，就會知道真相。
>
> 你從 70 層高的大廈跳下去，會有機會生存嗎？
>
> 如我問你：「不是呀，你又沒有試過，你怎知道呢？」你又會怎

麼回答？

這就是感性人無敵的思維。

如果真係有心做朋友，就 whatsapp chat 住先啦。果然，他錄了有史以來最長的一段錄音，接近兩分鐘！

你知道為甚麼他會這麼憤怒嗎？因為你揭穿了他，而且浪費了他很多時間。

他一開始就用粗口鬧我「戀居」，話我唔知之前遇到咩人啦~有這樣的想法~以為個個接近我都係有目的，人地一黎就approach我啦~他都未遇過啲咁既人云云。

那一刻聽到，是有 hard feeling 的。我後來都有再send段文字過去，內容主要是衷心道歉，假如真的誤會了的話。亦有講那奇怪同他有著差不多的對白同背景的人的事，如果真是想繼續做朋友的話可保持聯絡，如果覺得冒犯了真的不想同我做朋友，都無所謂。亦有就著他話我「戀居」作出反擊。

其實不用反擊了，看這件事情，可以看到你的思想很簡單，很容易被騙，自己真的要小心。

反擊甚麼？何時也要想，說了這些話對你有甚麼好處。

毫無好處的話，就不要說了。

這件事中，其實令我學到幾多，亦都幾衷心感激這班人。一件事不確定的話反覆反覆的看，由頭到尾的看，總會看得出個端倪。

最開初形容這是令我困惑的事，是因為在被他罵完之後，有曾反省過是否真是自己有問題？

我是否就是這樣誤會了一個好人(/荀盤)呢？

不過因為我最不喜歡人無禮貌，所以想，就算他真是如他講的條件不錯/荀盤，恐怕都難夾得埋，於是就釋懷了。不過想講的是，不知目前有沒有女網友都遇到這些人，如果是，以下有些意見想提供妳們思考（不知道當中有沒有錯/ 盲點，如有，請師傅指點）

真不要這樣，這個男人是銷售膠人無異，絕對不是你想結交的對象。

1. 他看似是中產。如果真是有心想做朋友嘅，開場白對我來說真不重要，但如果有兩、三個，甚至更多人的開場白都是類似的，而頭像都是從高角度影下去，一個男的食西餐，或開跑車，賣弄生活品味，會不會太巧合？還是集團式教材？

當然是同一集團的騙案，如果你扮作不知，繼續和那個人談下去，你要看看他有甚麼興趣，是否按摩；這更是有趣；但現時鬧翻了，也就不會知道。

2. 誰是真正的他。好多時對方好似不是真的在跟你對話。他們的說話模式：一段炫耀文+一問句。如果你真的回答他的問題，他之後只會應一短句來回應你。比如我話我都想去澳洲呀未去過，他答：去啦加個笑笑emoji。

對，就是這樣簡短，因為他根本沒有時間回覆你。

我都會去沙灘㗎但不多因為朋友怕曬黑。他答：曬黑（佢加個笑笑表情）。我會覺得那少於10個字的，先是真正的他說話，正確點是敷衍你。

3. 關鍵藏於細節裡。如果你問多些細節，對方多是短句，再轉去他想說的話題。比如他話會去老人院做義工，剛巧我真有做義工，問他跟機構探訪？去邊區？做咩活動？大部份野食係佢整嘛，咁燒蕃茄點整？羊鞍點整？之類。他是不太答得出的，甚至直接skip。處處突顯他只是無料扮四條。

哦，原來你有做義工，那就對了，你一問他，他必然無言以對。

4. 他們是神速手。他經常話自己工作很忙，平時不太看私人電話，可能是的，因為他們一般online都是午夜12點後，信息回覆極慢，兩三小時屬正常。但很令我嘖嘖稱奇的是，即使被你捕到他們在線，但你都不會見到他們typing…不過會突然一秒間就發來

一大段文。做OL的我心知肚明，copy and paste.

偉大的隱藏者。承上，他們在線時間一般都在深夜，日間是很少
會見他們online的，即使有，他們都不會覆你，似是在躲開同你同
時在線，怕被發現他們是神打手吧？

對，因為是copy and paste，所以你不會看到他typing。

5.相片總是朦朧的。風景+人=永看不出正面／帶晒嘢掩飾的。風
景-人=blur。食物／建築物=最美最清的。可能我個人比較草根心
態，如果我真的有遊艇，要曬命嘅話，一定會全身+高清有自己
樣+隻艇的。如果我有錢，一定買部防震電話影相，唔iPhone都
至少防震吧？

因為他們每天都得罪人，必然有人不滿而放上網的，所以他們的照
片當然要模糊，如果被高登起了底更加無運行。

6.有佢講無你講。這個不用說明吧。

這件事上，我都有想過是否我疑心重，但後來又覺得就算怪錯他
們，就算他們真是有錢人，但都是一班無禮貌無品又無趣的人，
根本不是好對手，出來見面做個朋友都可能會覺得浪費時間吧。

因工作關係，見識到香港其實真的很多有錢人，帥哥也不少，但

有品的人真的未必很多。我知道懂得看龍師傅文章都是認真對待自己感情和人生的知性女性，但社會無可避免很多有心人會利用或打擊我們。

對，所以自己必定要小心。

今次希望藉分享這個上天給予我的試驗，和這篇拙劣的文字鼓勵各位，雖然有不好的人，但要相信出現自己身邊的都會是很優質的，因為我們都是很不錯的吧，至少我一直都是這樣想的。

最後，多謝師傅您花時間看完，如果有錯或其他想法，也希望您可以多多指點喔。謝謝。

好的，何時也要帶眼識人，也必然不是因為自己不想學習帶眼識人而一生都不敢去認識人。

蠢人要得救，唯有靠自己

在感情上，我們當然會遇到很多問題，有的能夠解決，
有的不能解決；而九成的問題，只要你稍有腦袋，有邏
輯力，而且願意去解決的話，九成的事情你必然可以獲
得解決。

今次個案中的女生，她很蠢，但蠢得有理由，因為她第
一次拍拖，沒有經驗，而且她的情緒很大，所以努力在
理智之中尋求不理智的結果，大概是看得那些感性文章
多了，例如：「男生不停出外找女人，很花心，到最後
就會對自己很專一」。

讓我們看看，這個個案的重點是，如果你自己努力不願
意思考，努力不停去扮奇怪，那只是累了你自己，你親
手斷送了你一生的幸福，明白嗎？

戀情博奕

龍師傅，你好！我是一個感性人，自一年前看見你的文章後令我醒覺感性用事只會破壞關係，令我開始改變我對感情的態度。可是最近與男友的關係出現一些問題，師傅你能給我一些意見嗎？謝謝你。

好的，只要題材適合，我是會分享的。

先交代一下背景，今年26歲，與男友交往三年，他是我的初戀，一年前我們分開過一段很短的時間，然後復合至今已一年，可是這一年我們的關係一直反反覆覆，令我很困擾。

交往的頭兩年我感受到他很愛我，大家也找到最適合的相處之道，過了很開心的日子。

可惜自一年前他轉工後，他開始變了。工作上他會遇到不同的年輕女性，但我一直很信任他，我從不懷疑他。

誰不知有一天他開始對我變得冷淡，約會時不願與我有任何身體接觸（例如拖手），吃個晚飯後又說工作好累要走了，如此情況維持了一個星期多，我本著兩人相處就是要互相坦誠嘛，不停問他是不是不愛我了，他說要與我分開一段時間，想清楚是否真的愛我。

人變了就追不回來，但有很多人都是很執著及偏激的，常常天真在想後天努力做些東西，必然會讓日子過得和以前那樣，童話故事嗎？

不停問對方是很愚蠢的行為，只有蠢人才會在別人做得很明自己扮不知道扮奇怪要問得對方很白，然後要對方傷害自己的。

當下我呆了，我只好答應他的要求。但分開這段時間我們還是有短信聯絡的，甚至他約我到酒店過夜我也沒有拒絕，可惜過了開心的兩日一夜後，他還是堅持要繼續分開一段時間。分開的那段時間我做了一些回憶冊，希望讓他感受到我很愛他，我仍然在等他。

這只是對你的身體有需要的男女關係而已，你不明白讓我很清楚的告訴你，你明白嗎？還是到這時你還在扮奇怪說不是？如努力扮奇怪，奇怪在甚麼地方？

你必然是不合他，在情緒上讓他感到極大壓力，他才會這樣。

兩個人一起，過了一晚夜，他第二天突然間告訴你還是要分開？

他不會無緣無故地說這些的，你對他說了甚麼話嗎？你有沒有不停問他你們現在是甚麼關係，有沒有不停問他是否愛你，有沒有不停問他是否會一生愛你？

當然中間是發生了一些事情，怎麼你好像完全沒有提過的？

過了短短的兩星期，他對我的態度開始轉變了，見面時他會偷偷地吻我，又問我想不想與他復合，就這樣很兒戲地我們復合了。

他只是在男女關係上有需要，然後才找你而已，你明白嗎？你知道嗎？還是你真的莫名奇妙，覺得他很愛你，所以一時找你一時不找你，其實是情趣來的？

復合後我一直很懷疑，當初他為何要跟我分手，於是我偷看他電話，發現原來他與另一個女人有很多曖昧短信，他們曖昧的時間正正是他開始對我冷淡，甚至要與我分開的時間。

那些短信中，他提到要買禮物給她，又要門票買跟她看演唱會，又聲稱自己是單身…但我與他一起三年，我們約會一直是AA制，從來只要我買貴重的禮物給他，他不太願意洗錢在我身上，他沒有興趣的活動也不會陪我做（例如看演唱會等）

唔…讓我很認真地想一想…那他…那他可能…可能是背叛了你？你同意嗎？你同意他背叛了你嗎？

背叛了你，是為了更愛你嗎？你這個時候的感性思維應該要發揮作用了！

唔…這真有趣！他原來是有自己的情感的！他找別的女生，其實也是看看是否最愛我而已；他不找別的對象，也不知道他其實我真的很好呀…

你同意嗎？如你不同意，那你同意甚麼？

莫非⋯

莫非你這時會想到他原來不愛你？

噢！這真是一個天大的發現，真是沒有讀過六年博士課程我真的想不到！真是我的思想上的一個重大突破！為甚麼我想了這麼久也想不到的！

這個立場真有趣！他不愛我了！噢！是嗎？真的會這樣嗎？這真有趣！

如果你真的覺得這是一個大發現，到現時知道了他不愛你了，那你應該怎樣做？

唔⋯讓我感性的想一想⋯應該⋯更愛他？）

（後來得知原來她也有男朋友的，或者是我男友無法成功追到她，便回來找我復合）

因此，當下我崩塌了。但我還是選擇原諒了他，我甚至比以前更愛他，他要什麼想做什麼我也不會拒絕，我怕他會覺得我對他不好而再次離開我。

對，這就對了，情感上先崩塌，然後扮作給他一次機會，原諒他，再來就當然是更愛他了，因為愛情經過了考驗，必然會更進一步。

你知道嗎？累死你的不是別人，而是你自己。

你現時在連累你自己，你在親手扼殺你自己的青春，你同意嗎？

也當然，你大可以浪費你的青春的，你現時年輕，真的浪費得起。

可惜他還是沒有改變，他依然樂於認識不同的女人，不停與她們短信，我認為正常社交是合理的，但自從發生上次的事後，我開始多疑又沒有安全感，常常認為他會再次背叛我。

那當然了，莫非你真的會想著他會改變？你真的這麼想嗎？

相反，我看到你為了他改變，你的自我價值更低。

你的想法是對的，他當然常常想背叛你；而你覺得他背叛你是厄運，他和你一起是好運。

你是有這樣想嗎？

如果你這樣想，那就對了，這是感性思維得出來的結論：浪費自己青春及時間，是有意義的事情；一開始時找了一個對的人有好感情，就是浪費了人生。

有無知天真的人會問：「師傅，不是呀，我怎會不想找一個好有對的人有好感情？」

真的是答你也浪費紙張，如你有此問，那你看一看，請你用腦袋思考之後回答我，和這個男人一起，會有好感情嗎？

感性人，我是完全明白的，她們在聽到這個問題之後，她們會說甚麼？

她們只會說：「唔…我不知道。」

你知道為甚麼她們會這樣回答嗎？因為她們如果答不值得，那必

然會說明這個男生不值得交往，但她們主觀願望會覺得這個男生
一定要交往，所以必然會答「不知道」。

請相信我，我看過很多找我做感情諮詢的感性人，她們去到關鍵
問題，非答不可，而知道自己錯了時，她們都會很巧妙地將目光
移向別處，輕輕而扮認真的答「不知道」。

如果你真的不知道，那只說明一點，你是知道的，你被自己累
死，是很應該的。

直到有一次他又認識了一個女人，他一直沒有告訴對方他是有女友的，他們從早到晚都會互傳短信（但與我一天的短信只有幾個），他更隱瞞我與她單獨去踩單車，後來被我發現了，他叫我相信他，他只是當他普通朋友，沒有其他意思。

扮無知的感性思維又出現了：他是否真的當她是普通朋友呢？他為甚麼這麼需要普通朋友的？還要是女性？

可能是他想結識朋友吧！沒有別的！

「師傅，你又來了！怎會有男生無緣無故在外面主動認識女生呀！」

如你說我來，你又來了，如你不同意，那這個男生很花心，對自己不專，是否很難下結論呢？

如一個男生對你用情不專，他現時又不是每月給你五十萬生活費，那你為甚麼要和他繼續在一起呢？值得嗎？

好了，回復感性mode。

「唔…這我就不知道了。」

看到嗎？你不停說「我不知道」是很無敵的，不過只是你自己在累死你自己，你明白嗎？

「唔…我不知道…」

有一次我病了，那天正是他們相約踩單車的一天，我問他可否抽時間來照顧我，或來探一探我然後才去踩單車，他拒絕了。不過

那天他有不時打電話來關心我，所以我也接受了。

其實你接受甚麼？你是接受厄運不停在你身上發生，然後你努力
做差你自己，將你自己變成一個沒有自信，自我價值甚低的人。

其實你真的不應該如此的，你60歲了嗎？你真的在全世界都沒有
一個男人喜歡你？你的機會是零？你只能和他交往嗎？

「唔…我不知道…」

不要將那些你知道的事情用我不知道去回答了，你一直在累死你
自己，將你自己變成一個負面的人。

知道嗎？

「…」

*後來在剛過去的情人節，她問我男友情人節當天有沒有空，他說
沒有，她便問他約了誰，這時候我把他的電話搶過來回覆她的短
信：我約了女朋友。*

*她很驚訝，她不知道原來我男朋友正在拍拖，之後她再沒有找過
我男友了，也沒有覆他的短信。*

男友對這事耿耿於懷，他認為我令他失去了一位朋友。

*但從我的角度，那女孩明顯已經喜歡上我男友，那麼與異性交代
清楚自己有女朋友不是一件正常不過的事嗎？但對男友而言，是
我做錯了。*

你男朋友當然有問題，但你也有問題。

以他的往績來看，你覺得他將來有沒有可能再重覆這些事呢？

「唔…我不知道…」

當你看我跟你的剖析時，如果你的答案都是不知道，那我就很簡單的告訴你，你是無藥可救的人，全世界也沒有人可以幫助到你，而你也我我封閉，不願意接受別人的幫助。

直到現在，我依然相信只要繼續做好自己，對他好，他便會專一對我。

對對對，就是這樣，以為只要自己願意，就所有事情都能成功。

這樣的價值觀是錯的，你知道嗎？

那些感性思維的人也別走出來急不及待以為我說的東西有甚麼問題了，她們會問：「不是呀，要愛一個男人，不是要努力做好自己嗎？」

如有此問，那只顯得你幼稚。

女人做好自己當然重要，但問題不是這裡，連重點也看不到。

重點是對方是否一個值得交往的人。

明白嗎？

對方不值得交往，心不專，花心，那你做甚麼都沒有用處，知道嗎？

你還好意思在說「我不知道」嗎？

**但我總覺得他是在騎牛搵馬，只要找到比我更好的女人，他便會
離開我。**

這當然了，你是在扮奇怪問這個問題嗎？難道還有別的想法？

師傅，我這樣是不是很傻？

當然是傻，難道還有別的答案嗎？你還是以為自己很聰明？找到
一個不停背叛自己的人，對自己根本不專一的人，不停去找別的
女生的人，你覺得最好的做法就是更愛他。

**但我真的很愛他，不想輕易放棄。我應該怎麼辦？希望師傅能給
我一些建議！**

你是不用別人給你建議的，這即如要去跳樓的人，決心要跳樓的
人，不停去問別人有甚麼建議。

其實，你是想我贊成你還是不同意你？

你甘願浪費自己青春，甘願要經歷過才知道不可行，那這個世界
上沒有任何人可以阻止你的。

自己再努力浪費多一點時間吧，越多越好；感性的人，必然要明
知前面是巨大痛苦，而自己要扮作不明白故意一直向前行，直到
焦頭爛額，青春用完，被男方拋棄，到事情自己很想也無法繼續
時，才會開始明白的。

網友請注意，我們一生也不要做這樣的人，因為這樣只會浪費你的人生，浪費了你父母，你的老師，你的朋友對你的期望。

你經歷了這樣的事情，你還可以扮作奇怪好像難以選擇，我只能用無藥可救來形容。

藥有很多，靈藥也有很多，我的書，我的意見就是有效簡單的靈藥；但你一粒藥丸也不願意吃，還生怕吃了會好，努力縫合自己的咀巴。

如你覺得題材適合，歡迎你分享，十分感謝！

F小姐上

如何將感情技巧發揮得淋漓盡致

和大家分享一篇來信，這是一位網友特意來多謝我的，
她很有心，用心的寫了一篇心得和大家分享。

表面上，這是一位第三者如何成功讓男人離婚和她一起
的個案；實際上，你請先不要用有色眼鏡去看任何事情，
這是我每次寫關於第三者文章事先必然聲明的。

只要是有用的感情技巧，無論是正常戀愛，第三者戀愛，
都是有用，你同意嗎？這只是基本邏輯。

第二，我覺得她說的東西，她所施展的技巧，力度，必然還大過正常戀愛，為甚麼？

因為她面對的，是一位有家室的人，而這個男人，要他放棄和現時太太的婚姻，必然要她很有吸引力才可以；無論在外表，內心的交流都是如此。

當然，有一個常識你要知道（我要不停提醒，也要說得很坦白，因為不停有無知及沒有思考力的女生都只看到第三者個案就急不及待反對，沒有理性地反對，盲目地反對），你看到她所說的技巧，你照做，不代表你是第三者，這是常識；你用在正常的戀愛之中，也是正確。

第三，如果你沒有第三者，你已婚，或者已有固定男朋友，你以為不關你的事嗎？當然不是。

反過來看，你是否犯了這位網友的男友的太太的通病？這是你務必要留意的地方。

也當然，並不是你看了這篇文章，又或者我寫了這篇文章，就代表你和丈夫或男朋友關係不好，被人侵佔，這是常識。

這即如買保險一樣，你買保險，就代表你會很快死嗎？當然不是，這是常識。

很無奈，現實生活之中確有很多這類型的人，不停曲解了事實及邏

輯，而她們卻覺得自己是對，這很讓我心寒，也很悲哀。

最後，我也要鄭重聲明，我寫第三者的文章，我分享網友說關於第三者的文章，並不代表我贊成三角戀愛；相反，我很反對，因為一開始時就會將自己放在一個不利的位置，這是常識。

也等於醫生去醫治病人一樣，醫生的工作是醫治病人，並不代表醫生很想每個人都生病，這是常識。

唯有那些盲目，執著，偏激的人，才會覺得我寫第三者的文章，就等於我在鼓勵每個人都要當別人的第三者。

客觀一點去看，學實際的理論，你學了一個第三者角度出發的抓住男人的心的理論，必然會很實用，很有用，這是你要思考的地方。

我一直都不鼓勵一個女人或一個男人去當別人的第三者，但在現今生活確是常見的事情，當你不幸做了別人第三者時，你必然要想盡方法去抓住一個男人的心。

依此再伸算，其實你是否第三者也好，正常戀愛也好，你也要想方法去抓進男人的心，對嗎？

這篇文章，我分享的東西不多，因為網友已經說得很詳細；我說的評語，會有畫龍點睛的作用。

戀情博奕

龍師傅，您好！

一直很buy談戀愛需要有理性思考這一套，龍師傅的文章能令我溫故知新，不斷進步，也陪伴我經歷了過去的一段難捱時間，提醒我要時刻保持理性，才能得到今天的成功，實在萬分感謝！

> 讀心分析：對，戀愛確是需要理性思考。很多人都很不想在戀愛上用理性思考，覺得這不是愛，愛是要隨心的，結果遇到一個又一個垃圾男人，還以為自己執到寶，結果不停去輸，而且輸得很慘。
>
> 我們一生都不要做這樣的人。我知你有錢，但你也不用故意用一百萬去買十元的東西的，錢不是這樣花的，愛也不是這樣談的。
>
> 很多人以為理性思考就是說錢，這真的太表面了，也不正確；沒錯，男人的經濟因素確是我們的一大考慮，但一個男人的品，專一性，持續性，價值觀，都很重要。
>
> 只是男人基本上沒有很多東西和女人換，所以金錢通常都會作為男人和女人的交換條件，如此而已，請不要想得太複雜，也不用急不及待走出來大聲說男人的錢沒有用。

先說說我的背景，我今年30歲，大學畢業，事業一般，普通寫字樓工作，樣貌身材中上，性格外向，喜歡認識新朋友，身邊一直

都不缺追求者，拍拖次數七次。

先天有這些條件，很好，樣貌身材中上，性格外向，主動，身體
語言足夠，必然有很多機會。

最重要的，是如何利用這些機會，去結識適合自己的男人而已。

我有一客人找我作感情諮詢，她桃花不斷，身材超級好（我從來
沒有看過客人有如此魔鬼般的身材），身邊男人一個接一個；但
因為她感性，故意找不適合的男人拍拖，結果一次又一次失敗，
到最後還是單身一人。

好好想想，你桃花好，吸引人，你也要找一個適合的男人才可以
持續有好感情的。

**而男友比我大16歲，事業有成，經濟條件很好（有經濟上支持
我進修），性格外向，樂觀積極，沒有不良嗜好，但他已有一位
結婚超過十年的太太，和一個年幼的兒子；他的太太性格十分內
向，已多年沒有出外工作，朋友十分少，平時只喜歡在家上討論
區和網購，討厭運動，身型是加大碼，不打扮化妝，大概她把心
思全放在兒子的事上。**

年紀有這個差距，對方必然成熟，而且有經濟上的支持，如果男
方對自己專一，有品，就絕對有交往的理由。

如果你是專業人士，你自己經濟獨立，那對方的經濟必然不是你
的考慮。

不過，如果自己收入一般，而想過好一點的生活，那邏輯上，你必然要找一個經濟條件好的男人，這是常識。

他們現正辦離婚手續，我們已同居一段時間了，我相信能夠走到這一步，除了天時地利，更重要的是他太太的情緒和我的理性的強烈對比吧。

對，一來一回，差很遠。

怎樣一來一回？就是你做好一點，對方的太太又做差一點，你的機會就來了。

對方是否做得差你不能控制，但你是否做得好，你可以控制。

我跟男友在一起沒多久，他太太便發現了，當然一開始就嚷著要離婚，但過了沒多久，可能考慮到自己沒有經濟能力吧，又說可以容忍我這個第三者的存在，這下來我就知道，我要打一場耐力戰。

這種女人，最可憐。每天都趕著將被愛放大，以為幸福是必然，丈夫必然一生都不會變，其實這是不確的。

最重要是，自己想想在一段婚姻之中，擔當著一個甚麼位置；可能是經濟，可能是讓男生舒服，有很多原因。

那些以為幸福是必然的，不事生產的，不停要別人哄及付出，而自己甚麼價值的女人，最可悲。

我們一生都不要做這種人，因為當事情發生時，才發覺原來自己
一無所有，對方走了也不會有甚麼損失，對方也不用靠你甚麼，
這最可悲。

也別以為現時感情很好，就和自己無關；我想告訴你，我的女客
人找我作感情諮詢，如果感情有變，例如丈夫有外遇，大部份都
是事前不能預計的。

**在這過程中，他太太一方面說能忍受他有第三者，另一方面卻常
常發脾氣，把情緒都寫到臉上，每天給臉色老公看；為了表達不
滿她更不再用心煮餸，經常買外賣給老公吃就算了；她也沒有正
視他們之間缺少溝通的問題，她老公想跟她一起解決問題挽救婚
姻，她卻堅持說夫妻結了婚沒有話題是正常的事；她老公邀請她
一起出外運動，她說她沒興趣，叫他自己去。**

這當然了，女人的情緒最難控制，而且發生了這樣的事，任誰都
會不開心。

但不開心，還得客觀審視自己，自己有甚麼條件，是否想要丈夫
回頭？

如想，那要想想為甚麼丈夫要回頭？

在這情況下，我實在想不到她丈夫為甚麼要回頭。

事情，總是在不知不覺間發生及產生微妙變化的，自己也要想
想，男朋友或丈夫是否約自己出街，自己完全不願意？

兩個人一起,是否沒有任何話題?

必須要留意。

而我在這場耐力戰當中,運用了不少師傅於文章中提及過的技巧:

1.有同理心:在他太太嚷著要離婚不斷發脾氣時,我知道他很苦惱,始終我和他只是開始了很短時間,一時三刻沒可能決定離婚,所以我就每天聽他訴苦,安慰他,告訴他我明白他的處境,還幫他太太講好話,勸他要和太太好好坐下來談談他們的問題,自此以後,他和太太的事,無論事無大小,都會告訴我,這樣我就能夠掌握他們關係的資訊了。

有同理心很重要。我剛有客人找我作感情諮詢,她也是第三者,她的男朋友太太知道了事情,她男朋友決定不和她一起,她問我:「為甚麼他不願意和我一起?」

其實很簡單,只要有同理心就可以想到了,當然是她不夠好,她男朋友不太愛她。

但很多人都沒有同理心,只顧著將被愛放大,在自己的角度去看事情,結果事情就想不到了。

2. 不用太坦白：我告訴他我很希望有一天可以名正言順的跟他在一起，但即使沒有這個機會，能夠留在他身邊我已經很滿足了（當然這樣我絕對不會很滿足啦），他聽了覺得很內疚，也對我更好；另外，在跟他的關係沒有太大進展，他也沒有給我任何承諾的時候，我有出去結識其他異性，最後沒有遇到適合的人，當然我沒有告訴他我有心去結識其他異性，但他看見我多了去party和朋友聚會，就緊張起來，這事還間接促成了我最後的成功。

 對，很多事情我們都不能硬來，人總是要動之以情。

3. 不要製造麻煩：他每星期會過來我這邊一天，而我從來不會要求他於其他時間陪我，但反而他會主動邀約我於其他時間外出晚飯；有一次他在應該要陪我那天要到兒子學校開家長會，他跟我說對不起，我笑著對他說不要緊，可以下星期再見，然後給他一個吻，類似這種事情發生過很多次，我從來沒有發過一次脾氣，所以他也很樂於告訴我家裡的所有事。

 對，你不麻煩，你不停鼓勵他，贊成他，他必然會願意和你說所有事情，這是常識。
 但很多人都沒有常識，只是急不及待去不同意對方，打擊對方，反對對方，然後對方當然不會再告訴自己所有事情，她們就在這個時候扮奇怪了。

4.同意你不同意的：這是最難但也是最有效的技巧啊！三角關係中很多事正常人都不會同意的，例如他週末總要陪家人不能陪我，他不能在家中跟我講電話，他不能給我任何實在的承諾，這是我想要的嗎？絕對不是！但我從來沒有抱怨一句，只是笑著對他說，如果有一天我可以週末跟你在海邊散散步那該多好，結果過了不久他就完成了我這個心願，還差不多每隔一個週末就會陪我到處去。這個技巧我認為是十分重要的，即使現在我還是不斷提醒自己要好好運用，例如他說他想多點陪伴兒子，當然我心裡不太同意，但我會對他說：「好啊，你兒子還小，需要父母多點陪伴，如果你想的話，你去兒子那邊過夜都沒問題啊。」他覺得很感動呢，也從來沒有把我一個人留在家。

這是同意你不同意的，也是同理心。

5.LAP技巧：這技巧令他很樂意告訴我工作上的事，男人最想有人聽他說話，同意他的想法，他常常說他太太不肯聽他說話，說沒兩句她就會說「係咁㗎啦，咁你想點？」，而我就很耐心的聽他說，然後表達出我明白他的想法和「企喺佢嗰邊」的態度，有時也會表達自己仰慕他處理公事的能力，久而久之，他每天下班也會給我打一通電話，告訴我公司發生什麼事，慢慢地我就成為了他心靈上的支持，令他感到好像不能沒有了我似的。

LAP技巧是我發明的，是我原創的，簡單而實用，大家一定要多用。

6. *溫柔體貼細心：我得知他不滿太太常買外賣給他當晚飯後，就花心思煮他愛吃的和煲湯給他飲；每次他來我家我會拿拖鞋給他，幫他脫外套然後掛起，然後給他一個擁抱，再問他工作辛苦嗎，有時會幫他按摩；冬天為他準備保暖的衣服，買暖包給他；他出差前我會準備各種日用品和藥物給他傍身。*

這些都是很容易做到但卻沒有多少人做到的事情，因為很多女人都看不起男人，只覺得男人要照顧女人。

如果有這種想法，那你只能當一個洋娃娃，做著被人照顧的一個女人，光坐著，男人對你用心做了甚麼，你都覺得是理所當然的，多謝也沒大一句；當主人玩厭了，就會一聲不響將你放進垃圾膠袋之中，往後門掉了。

你想當這樣的人嗎？

以上各項再加上我和他的性格本身很夾，可以一起去運動，男女關係方面也合得來，而我又很樂意認識他的朋友，而且我也參考了師傅的文章，知道如何在朋友面前給他面子，令他的朋友都對我有很好的評價，就這樣一點一滴的爭取加分，經過不足一年的時間，最後我打勝仗了。

這就對了，基本上我所說的，要具備的條件，都有齊了。

說起來好像很簡單，但實行起來時我有時也會走進了情緒的陷阱，多得師傅的網誌常常提醒我要理性思考，我才可以走到現在這裡，希望藉這篇文章告訴各位太太，其實只要你掌握到這些技巧，不發脾氣，加上你老公不是花心大蘿蔔，你老公不會這麼容易離開你的，男人是很怕麻煩的生物，好好的他又怎會走去把一個自己辛苦建立的家推倒再重新建立另一個呢？

再次感謝您，龍師傅！祝生活愉快！

好的，謝謝你的分享，相信大家都能夠實際地學習到很多有用的感情技巧；這比起看那些空泛不知所謂的文章好得多了！

CHAPTER THREE

女人梗像要
有仙氣

早霸王森美小儀幫聽眾告白對方竟然結了婚？

今天之大熱話題，莫過於商台節目「早霸王」森美小儀幫聽眾 Lucy 致電一男士 Bosco 告白，但對方竟然是結了婚，還有小孩，讓森美小儀呆了足足三秒也未能對應。我們可以從這件事情之中，學習到很多愛情道理。

我們先看看蘋果日報的報導去了解事件，然後我再加上我的看法。

蘋果日報報道

電台節目幫聽眾告白嘅橋段都已經出現咗好多年，不過今朝商台叱咤903嘅節目《早霸王》就出現咗一段連主持森美小儀都沉默咗一陣嘅環節，短短半日竟被網民瘋狂討論，仲出現咗唔少猜測。

話說今朝《早霸王》有一位女聽眾Lucy就打電話去搵森美、小儀，希望佢哋幫手向一位相識差唔多八年嘅朋友告白，Lucy話佢哋係讀夜校嘅時候認識，認識年幾男方曾向Lucy告白。

不過Lucy就話因為自己未拍過拖所以就拒絕咗對方，Lucy拒絕咗男方後都有保持聯絡，仲不時去行下山睇下戲咁樣。

Lucy就話據佢所知對方已經六、七年冇拍拖，而Lucy一路對對方都有感覺，所以希望由森美小儀幫佢向對方告白。

森美、小儀同Lucy傾咗兩輪之後，就幫佢打電話；一開始森美、小儀仲搞錯咗對方個名，將Bosco搞錯做Peter。

傾咗兩句之後Bosco就問：「你哋打嚟做咩？」森美就表示：「有位朋友打上嚟叫我哋打俾你，聽聞你好事近，生日喎！」

之後森美就單刀直入：「你平時有冇拍拖呀？」

Bosco諗咗陣就答：「拍拖…好耐冇喇，平時喺屋企多。」

見Bosco話冇拍拖，森美就開門見山：「咁就有個女仔打電話嚟，

就話鍾意你，就話去到一個地步要同你表白，你估唔估到佢係邊個呢？」

正路就估之後大家喺大氣電波傳情好sweet咁啦，點知呢個時候嚟個大轉折。

Bosco竟然話：「哦，如果唔係我老婆可以唔使聽㗎喇。」

一秒，兩秒，三秒，Bosco：「喂？」

森美仲喺震驚之中：「你結咗婚㗎喇咩？」

小儀就問到：「你幾時結婚㗎？有冇小朋友呀？」

Bosco就話：「好耐lu，有小朋友喇。」

森美就唯有話：「咁你努力啲喇吓，得閒再搵你傾下。」

收線之後森美、小儀都話唔識點講。

森美仲一路感嘆：「勁過阿希！勁過阿希啊！」

最後森美就話播Lucy點嘅歌，之後喺熄咪後再慢慢同Lucy傾。

讀心分析

真是讓人覺得傷心，女方和男方在讀夜校時認識，女方和男方前後有八年，但女方完全不知道男方已婚，還有小孩，還要找電台，找主持代為告白。

在這件事情當中，我們有很多東西可以學。

何時也要客觀審視自己的思維，是否邏輯及合乎現實

這位 Lucy 在和這位男生交往時，男方曾向她表白，但她拒絕，而她拒絕的原因是未拍過拖。

這合理嗎？

如果自己喜歡一個人，但又要拒絕他，而理由是未拍過拖，那其實一生都不要拍拖好了，也不用找主持去代為告白。

這是典型的感性人思維，就是「我既同意又不同意你的說法」。

這情況和「孤單中的熱鬧」，「既要熱鬧又要獨處」，「既想吃又不想吃」一樣，都是垃圾思想，還以為自己很了不起，意境很高。

其實你自己被自己迷惑了，知道嗎？

我有很多客人找我做感情諮詢，她們本應有很好的感情運，姻緣也

應該要好，無奈就是不好，為甚麼？是沒有對象追求嗎？絕不！是沒有好條件的男人追求嗎？絕不！

但她們就是不喜歡，因為她們感覺為上，她們故意去找一些無法長期相處的人一起，而腦海中就説成「不適合就是適合」，結果不停努力去等，等一個不適合的人，然後一起，然後分開，再扮奇怪 — 這是感性人的典型思維邏輯。

她們因為沒有分析力，沒有邏輯，覺得沒有邏輯等於有邏輯，選擇錯誤等於選擇對，結果一生都失敗，痛苦。

其實是她們自己所造成的，她們自願甘心摧毀一生的幸福 — 而她們本來值得擁有。

這位 Lucy 也是一樣，那個時候如果答應了男方要求，現時情況可能會不一樣。

而她拒絕的理由，是因為未拍過拖。

我想不到這件事的邏輯在哪裡。

如果未拍過拖就要拒絕，那她應該一生都要拒絕才對。

但又不是，她到後來，後悔了。

而她後悔的結果，就是致電電台，找主持幫忙告白。

這就是既同意又不同意的典型感性例子，就是既拒絕又要告白的狀況。

我無法想像有這種想法的人，她的人生如何成功。

不是嗎？明明要進，卻在退後；那好吧，你退後，就不要前進好了，但她卻又要前進。

這就是「既要前進又要後退」的典型例子。

有這種想法，到最後會怎麼樣？

你真的不知道，沒有問題，你現在就站起來，試著向前進一步，向後退一步；再向前進一步，再向後退一步，看看你在那裡？

你在哪裡？就是在原地踏步呀！

所以，我們也常有一句說話，就是原地踏步。

如果你從來沒有移動過，沒有行過，那還好；但如果你是不停的來來回回，卻在原地踏步，你不覺得浪費時間嗎？

請你相信我，很多人就是窮其一生去追求愛情，結果時間浪費了，卻做得不正確，對方明明表白追求，自己又不答應，那對方走了，自己又去追。

她們都有一個特色，就是故意讓自己走到了絕路，在肯定了無路可逃時，才去找出路。

做人要那麼身陷險境嗎？理性人不會，但感性人時常都會。

因為她們的邏輯，和現實是相反的。

光就她因為未拍過拖而拒絕對方，就可以看到她是多麼的無知。

我們一生都不要做那樣的人。

找人出面幫忙自己愛情，成功機會甚微

另外一個重點，我請大家一生都要記住，就是：

「愛情是需要自己經營的，而不是找人出面幫忙。」（龍震天）

請你留意「出面」兩個字，很重要。

在愛情路上，如果自己能夠幫助自己固然好，有需要時要找人幫
忙，給意見，也是可以；但就不要找人出面幫忙。

好像這位 Lucy，為甚麼不自己向對方表白而要找主持幫忙？

找人出面幫忙，從來都得不到好結果。

自己用腦袋想想吧，找別人出面幫忙的，只是駝鳥。

她們的感性思維，讓她們誤會；她們以為找別人出面幫忙，成功機
會就高。

其實不然。

你再用腦袋想想，如果自己也可以做得到的東西，為甚麼要找人幫忙呢？

有人喜歡你，你不喜歡他，那他找一個朋友問你，你就喜歡他了？這是甚麼邏輯。

同樣不可思議的邏輯，我印象中聽過一次。

那位女生，一生也沒有拍過拖，好不容易鼓起勇氣去婚姻介紹所，相約了一男生出來吃飯；而她因為害怕，竟然帶了一位好朋友出來。

很不可思議吧？你也能夠想像到，當時的情況是多麼不可思議。

最要命的，是這位男生不願意為這位女生的朋友付款，而這位女生竟然要這位朋友自己付那頓晚飯的錢。

哪會有這樣的事？這位女生一生都沒有姻緣，我覺得很合理。

請你留意，如果你不是這樣的人，那很好，我也請你一生不要做這樣的人。

當你感情有問題，自己上網找理性的文章看，找朋友分享一下，問一問意見，很合理。

但就請別找朋友出面問對方是否喜歡自己，這是最失敗的事情。

一個要找朋友表白的女生，根本不會有資格拍拖，這是常識。

沒有人有義務去告訴你所有東西

也有人說，這位男生不好，如果結了婚，就不要拖累對方。

其實這是幼稚之極的說法，這些人的思想很天真。

她們天真的以為，「做人不是坦白一點好嗎」，以為對方必然要將所有的事情告訴自己。

「在現實生活之中，九成的東西別人也不會告訴你的；但九成的東西，你可以透過簡單的常識及邏輯可以知道。」（龍震天）

男生約自己行山，其實不是甚麼大不了的事情；對方是否喜歡自己，是否結了婚，自己要透過觀察對方日常的行為去判斷。

當然，對方願意很坦白的告訴自己，那很好；但對方不告訴自己，也不能怪責對方。

因為對方是沒有責任告訴你的。

唯有失敗的人，沒有思考力的人，才會怪別人為甚麼不告訴自己全部東西。

別要等一些不肯定的愛情

另外有一個重點我想分享，就是別為了一個不肯定的男人而去等他。

請你不要相信我，請你相信事實。事實是，我早前有一位女客人，她找我做感情諮詢，她竟然可以為了一個音訊全無的男人，等了他20年！

這是故事書才有的事情嗎？不是！這是現實生活之中所發生的事情。

這些人執著，偏激，她們硬是要相信自己寫的愛情小說，覺得自己有機會，在某一天，某一個角落遇到他，他就會突然間擁抱著自己，大團圓結局。

真的會這樣嗎？當然不會，機會等於零。

為了機會等於零的機會去等待，值得嗎？

當然不值得。

感性人這時又發作了，將「不值得變為值得」，就是值得了。

所以我說，感性人，是被自己的思維累死自己的。

請你一生都不要做這樣的人，也不要不停的亂找感性文章來幫自己進補，不停固定自己的感性想法，覺得自己是對。

如何把男神吸引過來？

今天收到一位女客人的來信，她定期找我作感情諮詢，
中間又遇到一些問題，值得分享。

重點是，遇到自己喜歡的人，如何去吸引對方追求自
己？

戀情博奕

師傅，你好！本人今年26歲，昨天聽完你講中女危機我就仲驚，好驚自己犯下咗好多感性人既錯，所以到而家都仲係未拍過拖。

讀心分析：26 歲必定要留意，因為 26 歲還未拍過拖真的是有一點危機了。

最重要的，是別想著一開始就必然成功，必然要找一個結婚對象，必然要找一個萬無一失的對象。

我有一客人，她今年45歲了，還未拍過拖；到最後，她急了。

她本來其實應該有很好的桃花運的，但她就是因為要確保對象和她結婚以及認真交往以及要一生一世，所以當中出現了很多對象而因為她自己的不安感而沒有交往。

你想想，去到45歲，還未拍過拖，嚴重嗎？當然嚴重。

如果有機會，必然要爭取；當然，你不用隨便就開始拍拖，這是常識，但你必然以「不差」為一個大前題去找男生，而不是找一個「很好」的男生。

這即如你畢業出來社會工作一樣，你會怎樣選工作？當然是想選一份可以持續一直做，人工又高工種好的工作。

好了，如果你出來見工見了一年，同學都上班了，而你還未找到工作，你會怎麼樣？

當然是看看有甚麼公司你請你，然後你從中選擇一份最好條件的工作。

請你記著這個邏輯。人,總無可能因為自己要求而找到指定的工作,這樣的情況我幾乎沒有聽過。

此話怎講?我未聽過有一個人,出來找工作,假設她中五畢業,想找一份零售店的工作,她可以想著「我要找屈臣氏上環分店零售主任的工作」。

你明白當中的意義嗎?假設你讀金融畢業,要做銀行,你也不能想著「我要到中環匯豐總行 37/F 做銀行按揭的工作」

你明白嗎?有很多東西你是不能指定的,但這樣代表很糟糕嗎?絕對不是。

要做零售,就去找零售工作好了,為甚麼一定要在上環?可能是你交通比較方便,那在中環上班可以嗎?當然可以。

要做銀行,那就找銀行工作好了,一定要在匯豐總行37/F上班嗎?一定要在這間銀行上班嗎?當然不是;在另外的大行,你還是可以一樣很有前景,工作依然可以很好。

關鍵點在於你是否有那個能力而已,如你有那個能力,你就可以做到銀行的工作,可以做相關的工作而做得很好。

明白了,我們再看下去。

其實以前見過師傅了,你話我應該係個社交圈子唔夠大嘅問題,加上我聽我的男性友人說我把聲唔夠溫柔,但到我chok聲佢地又話好假;唔化妝又話我好心化妝,到我化妝又話唔化妝好睇啲⋯其實我同啲差唔多年紀既男仔都好似係相處唔嚟咁⋯

這去到學習過程以及不停審視的過程，必然要時常留意，必定會有進步。

反而我覺得自己好似成日都吸引到啲已婚男，有一個大我真係好多好多，對我好好，但我覺得自己同佢亦唔會有幸福，唔想付出自己嘅心，不過佢有啲地方又幫到我手，如果佢咁發脾氣我會即刻唔理佢，佢亦都心明呢個道理，所以對我好，另外有個大我少少，有啲好感，我都係當佢後備，其實我都係聽師傅講先同佢曖昧下。

你看，你說出了重點，這是潛意識的反映。

很多人都不懂解讀事實，其實事實很多時候都是一早已經顯示了。

重要是，你要知道事實，然後加以分析，再看看是甚麼對自己有利，有甚麼可以做。

我每天為客人做感情諮詢，算命，就是做著這些工作。

她有兩個對象對她很好，證明她根本吸引力不差，我對她也有印象，人很斯文，外表也是中上，很年輕，很有活力。

而她有男生對她有興趣，我覺得是理所當然的。

好了，去到有一位男生已婚，只是恰當地反映了那個年齡層的男生的事實而已，很正常，我覺得沒有甚麼問題，但有啟示。

例如你18歲，你交了同學，也是18歲，你想想，他們是否會結了

婚？

當然不會，機率差不多是零。

好了，你26歲，交上30多歲的男生，有多少機會他們是結了婚？

機率當然會大很多。

這並不是你的問題，而是事實的反映。

那有甚麼可以做？當然是不要找結了婚的男生，尤其是第一次的戀愛。

那就再找好了。

即如你找工作，很多工作都請你，只是你不合意而已；這代表了

別以為什麼也不做，便有條紅線把你和他連繫。

你有被別人請的條件，只是未找到自己適合的公司而已。

所以，絕對沒有問題，但越快拍拖越好，必然要用盡自己一切方法去結識不同的朋友，甚麼也好，網上交友，Speed Dating，仍然是我對你最好的提議，因為可以在很短的時間找到大量的對象交往，儘管九成都會不合適。

而你要留意的，是如何去培養自己的能力，去找這一成適合的人，其實一點都不困難。

也別因為網上交友九成人不合適而放棄網上交友。

你的外表真的一點也不糟糕的，只看事實，事實是有男生對你有興趣。

講返正題，我本身其實都有自己鍾意嘅人，最初係被對對方既外表吸引，然後發覺佢係一個好善良，好會關心別人，關心社會既人，而且跑步跑得好快，職業又穩定。我中學同學同好多大學朋友都認識佢，應該唔會好似其他網友嗰啲一睇就知係唔值得交往嘅人，而我亦唔會好似其他人咁鍾意就係鍾意，冇原因，我真係諗到好多喜歡對方嘅理由。

如果喜歡對方，其實應該要主動一點製造機會。

因為呢個人工作又忙，公餘時間又多活動，好似好難先見到佢，就算見到佢，佢又忙緊第二啲嘢。如果做啲特別嘅嘢吸引佢注意又怕太討厭。

不會的，要看是做甚麼東西，未必你要突然間很吵鬧的，你可以把握機會和他多談，把握機會讚美他，展現你的溫柔，體貼，照顧，細心。

最驚係俾佢知道自己嘅心意既時候如果佢避開我我又唔太想⋯只要佢叫我個名同埋啲活動有需要要望住佢同佢講嘢我就好緊張，成日好似好見外咁⋯

其實有甚麼心意？你當然不用言明喜歡對方，但你可以不停在對方面前出現，暗示你是一個可以和他發展的人，桃花運強的女生清一色都是這樣的。

如你主動表現得見外，那你只是在潛意識暗示你對他印象一般而已，這完全是不當的做法。

你應該相反，和他談話不停展現笑容，而且主動製造話題吸引他注意。

請你相信我，我有很多桃花很強的女生告訴我，她們只要看上一個對象，不用言明，只需要用身體語言吸引對方，有七成機會可以讓男方注意到而追求自己。

師傅話過我同啲大過我5年以上既男士先會有穩定嘅感情，但奈何自己認識嘅呢啲人大多都係已婚人士，除非去speed dating。我都知自己唔應該為咗一個機會唔大嘅人而停低，但係我都唔知佢有冇留意我就放棄又唔甘心，其實以我條件會否想太多？不過我應該都會照去speed dating既，不過咁就真係為搵而搵，可能好似師傅話齋要搵一個鍾意自己多啲既人多過自己鍾意嘅人嘅~

你要他留意，你就要做一些東西讓他留意，而不是努力在見到他時很見外又冷漠而期待他很注意你，這在邏輯上是不通的。

也不能對這位男生抱有很大期望，但絕對值得一試；同一時間，你也必然要開展你的 speed dating。

讓男人愛了你再也不能回頭的秘密

感情來信，每天我都收到很多，最開心的，是收到客人或網友因為我的文章而成功得到好感情。

我常說，如要看文章，必然要看對自己有用的文章，而我只看事實；事實是，定期都會有客人及網友成功了多謝我。

你不相信我，你也要相信事實。這總比每天不停有錯的觀念又不停上網找垃圾感性文章同意自己錯的看法然後自己不停失敗好得多了。

多看成功個案，我向你保證，你已經踏出了成功的第一步。

戀情博奕

龍師父：

您好，小妹係一年前開始看你的blog和聽情到龍匙，感謝龍師父，我由一個每次都被分手的女人，現在找到一個好疼愛我的另一半一，即將進入婚姻。

讀心分析：說得真好，接觸到我的網誌是第一步，理解是第二步，實行是第三步；只要有著百分之一百的執行力，不停思考，你會很容易得到好感情。

以往我的感情經常不順利，情緒起伏很大，很感性，但每次失敗也有所得著，故對上一次拍拖已好了很多，可以拍了五年，但一次意外懷孕令我情緒陷入低潮，和前度也愈行愈遠，最後選擇放棄懷孕，兩年後也和前度分手了，當時情緒也很失控，但慢慢意識到自己的問題，積極去解決自己的問題，去尋找自己的幸福。

情緒佔了感情成功元素大部份。我有很多客人找我做感情諮詢，她們的問題都是有著情緒，所以不能控制自己，而和男方相處或溝通時，因為情緒問題而讓對方有負面影響，到最後分手。

所以，要感情運好，必然要先處理好自己的情緒。

直到遇上龍師父的blog，理性思維更強，開始網上交友，身邊追求者多了很多，掌握了主導權，大半前我找到了一個好好的對象，年紀大我八年，係快餐店做經理，性格成熟有品有禮貌，能屈能伸，成熟又勤力，開始時因他很了解女性的需求／說什麼話令女人開心，故我沒有很熱情，對他頗冷淡，反而他對我窮追不捨。在朋友鼓勵下，我去見了他一面，改變了想法。他給我感覺好真誠，有品，有禮貌，會找地方約會，會大方請客，有風度，大家也很好聊。

這就好，聽起上來很實際，對方有實質的工作，性格好，有上進心，對自己好，經濟條件自己可以接受，就非常好了。

有甚麼好？很重要，就是在開始時選擇正確的對象。

這比起那些似是而非的男人好多了，大部份女生都喜歡發夢，在網上交了男人做生意，做健身教練，做美容 facial 銷售員，富二代，紀律部隊，專業人士，還以為自己很幸運，其實大部份到後來都變了厄運：被騙財，騙色。

只要自己有著理性思維，必然可以在開始時找到正確的對象交往，最重要是實質，坦白，真誠，性格和自己配合得到。

在數次聯繫和接觸後，因我保持冷靜理性，他覺得我很特別，而且我性格比以前開朗，有同理心，經常鼓勵佢，佢有咩開心唔開心都會同我傾，但我沒有像其他女性那樣會麻煩，反而佢鍾意痴

住我，保持比朋友親密一點嘅關係。

對，就是這樣，不停鼓勵對方，對方自然會甚麼都和你說；很多蠢女人一味只顧著「做人不是坦白一點好嗎」，「我坦白說出自己的感受有甚麼不對」，就不停打擊對方，還沾沾自喜以為自己是對，結果自己幫自己在感情路上走了絕路。

男人，你必然要鼓勵他，同意你不同意的東西，這樣男方才會甚麼都和你說；你要想的，只是這個男生是否適合自己而已。

但很多人都將方向弄錯了。

她做得對，有同理心，正面，對方必然也會和自己說很多東西。

你應該要比他朋友，家人，同事知道更多的事情，但很多人都無法做到這一點，還在扮奇怪去問為甚麼。

即使現在拍拖半年了，也沒有給他太多麻煩，他不擅長／ 不喜歡的我都不做，和他一起很開心，很少他會反對，相處很愉快。最近他求婚了，今年年尾會結婚了，故和他同居看看相處如何，也沒有很多問題，挑選傢俬和裝潢也不用說什麼，大家也會喜歡的。

這就好，看上去性格也很配合，大家價值觀，和將來的期望也是相近。

他也懂得女性的需求，懂什麼場合說什麼（我前度不懂受了五年折磨），有品味，價值觀也很相近，拍拖後經常周圍去，行山野餐露營旅行做運動，識新朋友，培養好多共同興趣，經常接觸大自然；還有大家有共識用小小錢去享受最開心既生活。

他比以前更開心，覺得自己重生，因以前佢返工好辛苦，時間好長，但都願意去嘗試新嘅興趣同生活，現在工作也轉了。他說以前的女朋友不像我那樣，只會發脾氣黑臉，也討厭佢的工作，看不起他做的決定，還會為了買名牌令佢嘥好多錢，且對佢好不滿。

這就好，人無完美，大家有放個心出來，一起面對各種問題，最好。

而我看了龍師父blog後，知道男人需要什麼，佢事無大小我都會讚佢，鼓勵佢，讚完佢就會好謙虛咁低頭微笑，睇得出佢好開心，所以我咩都先認同佢，再讚賞佢。

基本上他份人有分寸同成熟，佢好少令我覺得擔憂，同埋咁大個人，我好清楚要做嘅只係鼓勵佢做自己想做，其他都唔應該理太多，所以我地好信任對方。

對，人大了，會有自己想法，你只能夠看看對方的想法和自己的期望是否相近，又或者理性去討論。

而且佢屋企人好鍾意我，佢爸係佢未追到我時睇過我張相已經好鍾意我，喺我地拍拖後知道我地生肖命理好夾更鍾意，佢媽咪有些抑鬱，但都好鍾意同我傾計，因我每次上去都搵嘢讚下佢媽咪，特登搵多啲嘢請教佢，仲令佢同媽咪關係好咗，佢細佬同老婆都好易相處，而我都好努力去令大家關係更好。

做得很好，你知道男生和你一起的其中一個原因是甚麼嗎？就是他因為你的存在，認識了你，而他有改變；在這個情況下，就是他和家人關係的改變，這很重要的。

很多女人都不明白，不停努力製造麻煩，鬧情緒，努力告訴男方，和自己一起是對方的不幸，一日有自己存在，對方的厄運就不會離去，還在指望對方很愛自己，這只是自己的主觀想法而已。

在一段感情之中，如果要有回報，就要先付出；切勿想著甚麼也不做，就可以得到所有東西。

但拍拖三個月，發生了一件事，佢前度有意欲想復合，佢一直都好鍾意佢前度，係佢嘅初戀，當時佢想分開冷靜一下，我好冷靜同灑脫咁接受，無喊無發脾氣無覺得邊個衰，第一次咁冷靜分手，佢話好大衝激，因為我話放手就放手（皆因對上三次我受過好多教訓啦），都可能沒有投入太多感情。種種原因分手幾日佢就覺得後悔，因佢前度係好難頂嘅女人，脾氣差，知道我嘅存在

後不太接受佢會變心，而且只係有唔開心先諗起我男朋友，我男朋友同我相處過後根本返唔到轉頭。

我喜歡這句：「返唔到轉頭」。

不只是你，也有很多客人或網友告訴我這句，我覺得真是很貼切的形容詞。

你就是要一個男人徹底地愛你，返唔到轉頭，他在外面找不到一個比你更好的女人，這樣他必然不會離開你。

只有外觀，必不能長期留住另一半。

同前度傾電話都覺得好難頂，只想被愛唔講嘢唔付出。我男朋友以前真係好鍾意佢，鍾意咗佢十幾年（佢對上二次分手都因為佢個初戀），一開始我都無把握可以令我男朋友會選擇我，因為鍾意咗佢咁耐，我要做嘅係每日令自己開心，留返最開心個一臉比佢就夠，反正大家網上識，我可以再識過㗎啫，我當時仲安慰佢叫佢選擇返前度，可能係真愛㗎。

但幾日後，佢就想我原諒佢，話今次真係決心放底佢，唔想比佢控制佢嘅一生，同埋同我一齊真係好開心，我同佢分析過佢初戀唔會比到好日子佢過㗎，只會令佢不斷行衰運。（真心講，都無想他因為咁選擇返我）

你的分析完全正確。其實這位前度所做的，就是我網誌上常說不可以做的東西：發脾氣，無付出，只顧被愛，洋娃娃。

其實男人好知自己想要咩女人，而佢以前女朋友都做唔到細心溫柔體貼照顧，又唔可以融入佢屋企同對佢多多要求，令佢睇到嘅世界比以前大，所以我諗呢個係咁想同我結婚嘅原因。佢未必比到好豐盛嘅生活我，但同佢一齊好夾，價值觀相似，有品又大方，好關心照顧我，又願意賺$1比$2我，我最好既姊妹都經常讚佢好錫我，錯過呢個男人會係損失，等價交換成立。

對，只要自己接受得到，就可以，最重要是一個男人的心；如果一個男人無心，那他經濟怎樣好，也是浪費時間。

我有客人，男朋友已婚，專業人士，對，他可能經濟好，但他很孤寒，也沒有給很多好處我的女客人，這種關係，只是男女關係而已。

而他也表明不會離婚，我的女客人和他分手之後，他可以很短時間又有另一個女朋友。

我心想，還好，這位女客人走得快；她根本條件就是上上，她來找我做感情諮詢的時候，外表落落大方，整個身軀軟綿綿的，很有貴氣；我當時就心想，有哪個男人可以和她一起，那個男人必然會很幸福。

她只要願意，必然可以很快就找到別的對象交往。

所以，經濟條件固然重要，因為兩個人一起也要生活，但一個男人是否愛你，是否有品，是否尊重你，重視你，也同樣重要。

請留意，這裡的愛，並不是說說的愛，而是他有甚麼表現，做了甚麼。

有點長，感謝龍師父閱讀，沒有想過，網上交友都搵到咁好既對象，其實男人好簡單，如果我好似以前咁唔去識人，我一定無機會咁快就結婚。

衷心祝福龍師父身體健康，生意興隆，心想事成。

沒有問題，相反，我覺得文章很好看，而且很實質的告訴了大家你的心路歷程，當中必然有很多值得大家學習的地方。

請大家留意，這封來信，是網友自發性給我的，並不是我強迫她寫些合我心意看的東西，這是最值錢。

讓我們好好看一看真正的港女是怎樣的

一直都少收到男生來信，因為觀看我網誌的，來找我算命的，多是女生。

這或多或少也和我多數寫女生感情問題有關。

雖然如此，但我還是有一些忠實男生 fans。

男生少來信的另一個原因，是因為男生的感情問題比較簡單；大致上，男生的感情如果要好，只要有著不錯的經濟能力，就沒有很大問題。

因為從來在等價交換的條件之中，男方的經濟能力，是女方考慮是否交往的一大因素。

如果是很短的愛情，例如一夜情，那男方的外表，口才，身體語言當然很重要；但去到長期交往，男方的經濟條件，必然是女方首要考慮，因為兩個人一起，要感情穩定，必然要生活得到，而生活得到，必然和經濟有關。

但偶然也會收到男生的來信，如果題材適合，我也樂意分享。

今次的這篇來信，值得分享之處是，我太替這位男生不值。

我不值的，是他女朋友的那種心態。

那種心態，是「自認為 blue blood」的心態，我看到都會打冷震。

也因此，我很想和各位分享，讓各位看清楚，男生最不值和那種女生交往；同一時間，也要大家認清，自己是否這類型的女生。

這種女生，是有一些共通點的；第一，她們必然是外表身材比較突出及漂亮，否則她們不會有男生有興趣，而且會很主動遷就，追求。

第二，就是這種女生，在年青時可能會不自知，以為自己是天下無敵；但時間就是洗禮，當經歷了一段時間之後，她們的吸引力就會降低，少了男生對她們有興趣。

然後到那個時候，才是她們災難的開始。

如果一早已意識到災難的形成，那為何在一開始時就要主動製造災難？

因為在災難發生之前，她們並沒有想過原來災難是有機會發生的。

我有一位朋友就是如此。她在年青時，20多歲，外表及身材都是上上；她的吸引程度，是我跟她走到街上，也會不停有男生停下來主

動哄她,想結識她。

因為她太過突出了,在街上一行街,很多人都會不期然注意到她。

而她的性格也好不到那裡去,因為不停有男人供她發脾氣,所以男人都會聽聽話話;她即使到半夜,也會有男人主動哄她,只要她一聲令下,必然會有男人特意去到她家樓下,陪她。

但隨著年紀漸大,轉眼間過了10多年,她現時已經30多歲,她面對甚麼事情你知道嗎?

忽然有一天,她發覺在街上已經沒有人注意她了,而追求她的男

真正港女是怎樣的?

人，突然間變少了，到最後甚至乎沒有。

她不開心，想找人發脾氣，whatsapp 不到兩句，男生已經消失。

為甚麼會這樣？

很簡單，人會老嗎？

「女人在年青時利用自身外在條件去吸引男人，然後用自身性格去留住男人，到自己變老時，利用自身的情去留住男人。」（龍震天）

公公和婆婆50年前結婚，50年後，公公還是在對婆婆的外表有興趣而一起嗎？

當然不是，那個時候，只有經歷，只有情。

但很多女生都不知道，在年青時因為有很多男生追求，而自以為一生都會這樣；然後不顧一切的將被愛放大，發脾氣，發放負面情緒，給男人麻煩。

年青時確實是可以這樣的，因為男人會垂涎自己的美色，而不得不聽話。

但青春不是永遠的，當過了一段時間，自己變老之後，如果一直發放這種負面情緒，男人自然會一個個消失。

好了，道理說完，讓我們看看個案。

戀情博奕

龍師父，新年快樂，我最近有點感情事，希望得到師父指點。

事緣是這樣的，我跟我這位女朋友一齊兩個月左右，但是我發覺其實意見相差也很大。就以最近一件事為例，本來今年三月我跟她去大阪旅行，不過因為我的問題，而致我們不能去。她就找了朋友和她一齊去。叫我介紹一些地方給他。

讀心分析：很簡單，這位男生一開始時就找錯了對象。

如果要感情持續，必然要找一個值得交往的人。甚麼人是值得交往？當然，外在美也重要，但更重要的，兩個人要長時間維持良好的關係，必然要找一個溫柔、照顧、體貼、細心的女生。

為甚麼這位女生是錯誤的對象？別急，讓我們看下去；因為之後有大量實例說明這是一位錯誤的對象。

我就話「我搵啲啱女仔去的景點吧。」

她就說：「景點無分男女吧？你想知我個partner，你可以直接問我」；「如果你要用啲曲線方法去問，我很反感。」

這位女生肯定是思維出了問題。男生問她是否和男生去，有甚麼問題？如覺得有問題，這是甚麼邏輯？

即如你是女人，你結了婚，你丈夫去旅行，那他說和朋友同去，然後你問他是否和女人同行，那他告訴你：「老婆，你這樣問

我，我很反感！」

這樣你會說：「噢！對不起，是我錯了，我不應該問你是否和女人去的！」

是這樣嗎？

所以我不明白邏輯何在。

也即如你做一份工，月尾出糧了，老闆問你：「你做這份工作是全心要我出人工給你嗎？我很反感！」

能夠有這種說話的人，她可能是自以為很有條件的人。

但男生也同時可以選擇是否和這種女生一起的。

咁我就話「你是兩個女仔去吧。」

「咁有時有啲嘢點解唔可以啲軟手段去談？無非我下下就直接問你？」

「咁我無非都想你主動少少跟我說。」

「你明知我想問呢樣野，咁你答我就可以了吧，之後跟我說你不喜歡就好了。」

「另外，我咁問都可以收窄個範圍，咁大阪話大唔大細唔細，咁我一來可以集中景點，二來你地又唔使走來走去，何樂不為？」

「其實你反應咁大，我會亂諗事。」

其實我不覺得有甚麼問題的，假設她們真的是兩位女生去，那男生提議一些女生的景點，有甚麼問題？

這即如丈夫想去買模型，然後太太說提議找些模型店給丈夫，然後丈夫說：「你不相信我嗎？你覺得我是和女生一起去嗎？我很反感」這樣嗎？

其實再舉多個例子，我也是不明白邏輯何在的。

如果女朋友真的和女生同去，那有甚麼問題？

即使女生瞞著男朋友和男生同去，並且有關係，男朋友這樣提議，自己也可以假意地讚美對方兩句，例如「你真好，你很細心呀」這些語句吧？

但女方沒有，那代表甚麼？

代表女方是一個急著將自己放大的人。

急著將自己放大的人，那交往來做甚麼？

男方很老嗎？我也不覺得。

男方很沒有條件嗎？我也不覺得。

我只覺得他找錯對象了。

他如果想感情穩定，一開始時必然要找一些適合的對象交往。

現在很明顯他選錯了。

她說：

「亦都唔好同我嚟呢套，你係因為到呢一刻都未得到你想聽到既答案，所以先咁啫。」

「我唔認為我反應有幾大，如果有人問我去vancouver有咩地方玩我相信我唔會答。」

感性人都是無敵的，只要她說一次就是真理，我真的覺得她反應很大，但她自己說一次「我唔覺咯」就變成反應不大。

這即如有人拿刀斬了你的手，然後自己說：「我斬你的手下來，我覺得應該咯」就變成正確。

這正確嗎？當然不正確。

也同時要想，女方想甚麼東西是沒有問題的，關鍵在於男方想甚麼，是否覺得還是值得交往。

如這時還在想值得交往，那必然是不幸的開始。

「搵啲啱女仔去嘅地方。」

「搵啲啱男仔去嘅地方。」

「This is such a stupid statement， 因為我講過，我相信無景點有男女之分。」

此言全錯，為甚麼錯？

只是感性女人將被愛放大的不合邏輯說話而已。

兩個男人，會否去 Hello Kitty Cafe？兩個女人，會否去看高達
模型？

稍為有腦袋就想到。

真的，不用很聰明，只是稍為有腦的就會想到。

這位女生完全沒有腦的，但她以為自己很聰明。

「唔好兜咁大個圈唔去承認自己想知我係同男定女去。」

「哩樣嘢已經唔係第一次講囉唔該。」

「正如上次，你個句『你真係感覺唔到我嬲㗎咩？算啦無嘢喇』
，我覺得，你擺明就係唔順氣個次，講咩算啦無嘢喇，好似個女
人咁，唔gur唔高興咪講囉，以曲線既方式去bring me a message只
會令我十分反感。」

男女一起，你知道最重要是甚麼嗎？

就是等價交換而出來的尊重。

甚麼等價交換而出來的尊重？這麼複雜的？

我也很坦白的告訴大家，這種狀態，很少人會想到，而且說出來
的。

一定要頭腦很冷靜而且很有邏輯力的人才會說得到。

尊重就尊重，甚麼是等價交換的尊重？

首先，你要明白，男女愛情，必然有等價交換存在的。

那些很看不起愛情有等價交換存在的人，不是因為她們不相信而

沒有等價交換，而是她們輸得很慘。

慘在甚麼？慘在青春沒有了，而她們不停用十萬元去換只值十元的貨品，她們卻覺得沒有問題。

當然，你有錢是沒有問題的，但很多人都沒有很多錢；再者，有錢也並不等於要浪費錢的。

我知你輸得起，你有很多錢輸，但你其實真的不用輸的。

男方最要得到的，其實是女方的尊重；如果得不到女方的尊重，那女方就必然要有一些東西和男方換，例如金錢。

所以，你不難看到有小費男，面對脾氣大的女人，當自己是狗一般喝罵的女人，還在嘻嘻陪笑，不當是一回事。

為甚麼？因為就是等價交換。

但如果男方不是要花女方錢，而是男方付費，經濟上付出較多，那男方自然也可以有不同的選擇。

你何時看過一個有錢男人，會低聲下氣去長期忍受一個無理取鬧的女人的脾氣的？

為甚麼很多有錢男人都是相反，他們不單只不用太看女人面色，甚至乎女人掉過頭來要貼心提供服務給這些有錢男人？

關鍵就在於一個錢字。

因為錢，所以形成有錢男人和女人換的一樣東西。

請大家真的不要說我男女歧視，女人要提供貼心服務給有錢男人，並不代表有錢男人不尊重這個女人，想想也知道，這是常識。

即如你去到五星級酒店，服務員給你五星級服務，主動幫你倒水，服務你時面帶笑容一樣；那你是很不尊重五星級酒店裡工作的服務員嗎？

當然不是，想想也知道。

所以，別要將「等價交換」，「尊重」而變成男女歧視。

但很多無知女人，沒有常識的女人，都會混為一談的。

在男女感情當中，根本沒有歧視存在，為甚麼？

因為歧視是法律層面，男女感情除了婚姻是法律以外，其它的都不會涉及法律層面。

例如女方很醜，沒有男生追求，那她可以去平機會告所有她有興趣的男生，說他們歧視她嗎？當然不可以，這是常識。

好了，看到這裡，希望大家能夠消化得到，甚麼叫做「等價交換之中的尊重」。

如果女生不尊重男生，那也意味著，男方必然沒有好日子過，而男方也不是小費男，所以更不應該在一起。

在我看來，男方交上了這位女朋友，是他厄運的開始，要多麻煩有多麻煩，真的如瘟神一樣。

還有大量例子，請看下去。

同一時間，自己也要好好審視，一生都不要做這樣的人；因為年青時或許會有男生如我這位網友持續有興趣，但去到十年後，男生一個個走了，到那時才開始醒覺，才會知道自己是多麼凄慘。

更凄慘是，青春你一生都追不回來。

我話：「今次還今次，唔好講埋上次，上次已經係完結。」

她説：「如果你認為係完結，咁好可惜，我只能講聲你知，我唔覺你係哩方面有任何進步，你依然係做緊一啲你話你唔會再做嘢／事，唔想人講，就唔好再犯，就係咁簡單。」

我就話：「好呀，咁我以後就好直接。咁你同邊個去？」

結果就冇回覆我。

就是這樣，既要叫人直接問，別人直接問就沒有回覆，這種人，其實真的不交也罷，因為和感性人一起，注定自己沒有好結果，男女亦然，只是自己不幸的開始而已。

要讓厄運遠離自己，唯一的方法就是自己要停止。

第一回合結束。

第二回合就是這樣子的。

我同她是用電話溝通的。

我解釋返我點解想用婉轉方法去問。

主點是都是我希望想解釋返，我希望她可以主動少少和利用軟性方法溝通。

並解釋今次電話希望可以冷靜地解決問題。

> 這去到「讓我們好好談一談」的男生版。好好談一談必然是沒有結果的，只是自己主動製造麻煩而已；而且也別想著想改變任何一個人，改變自己還來得容易。

在電話途中，我語氣開始有重到，她叫我唔好咁講野（當然帶點命令式，命令式語氣我很反感。但我唔想再惡化個關係，我選擇唔嘈。

她的回答大意如下：「再者，想你搞清楚一點嘅係：

我一至五歲都喺加拿大長大，

返到香港係讀六年英文小學，

兩年英文中學，

再去外國讀左九年書，

English is my first language.

Blue Blood 模式開始呈現，女朋友會這樣說，代表了甚麼？

代表了她肯和自己一起，已經是天大的遷就。

女方有甚麼想法是沒有問題的，關鍵在於自己的想法。

我嘅工作環境，我嘅朋友，我嘅同事，

通通都用英文同我溝通。

你話你英文唔好，

你話你聽唔明英文，

你要我遷就你，唔緊要，無問題。

但煩請你語氣客氣點，

唔係一句「大家香港人，講番廣東話」車埋嚟。

不是的，如果女方真的愛自己，那用甚麼語言來溝通，也是沒有問題的。

My first language is English whether you like it or not.」

其實並不是 like 唔 like 講英文的問題，而是尊重問題；如果女方
展現自己是 blue blood，說你配她不起，那自己要想想，和這種
女生一起自己可以如何有幸福。

只看事實。

之後我回答：「好的，我明白。」「其實我想同你交多點心，內
心的對話，我想和你分享更多，我相信我哋之間矛盾會減少。」

「我學嘅係日文，打日本公司工，我成身都大量日本文化，日本
人表達得比較內斂含蓄，轉彎抹角。」

「你想我直接可以，我也想請你比啲時間我。」

今早她這樣回我：「可笑嘅係，你讀咗一兩年日文就話自己有大
量日本文化，我讀左25年英文，我prefer講英文你就一句『大家香
港人，講翻廣東話啦』車埋嚟，或者下次你講嘢之前可以用個腦
過濾下先。」

咁我都唔想嘈就回她：「好的，日後注意下啲語言。」

暫時到此。

我想提出一些問題：「有沒有方法可以解決之間的矛盾？因為其
實直接講，她都已經表明唔會改，只有我就。」

她不用改，你也不用遷就，只說明一點，她不適合你，你也不適合她。

「另一方面，我在這次對話之中，其實我都想知我有沒有犯上錯誤！？」

未必全對，但你女朋友肯定有問題，原因已在以上的分析說過，不再重覆。

「其實再係咁落去，我相信我會忍不住離開佢，其實現在已經有離開的意思。因為我好唔喜歡命令式，也不喜歡女朋友現在這種對我的質疑以及話我成個女人咁，以及在性格上一步不讓的地步。0」

絕對要快快離開，早走早著，你會早點脫離厄運。

希望師父可以指點迷津

大家可以留意一下，除了男生的分享之外，也請注意我所說的道理，全部都是正確而實用。

如何衡量一個男人是否值得你去繼續愛？

男人追求你，開始時不停找你，很關心你，放大你的被愛，其實不是真實而恆久的愛情，明白嗎？

真正的愛情，必然是兩個人的生活習慣，價值觀，對方的經濟，他有沒有愛你及重視你。

戀情博奕

你好龍師傅！我一直有留意你的文章。真的寫得好中肯。

我現在常在星加坡，我覺得不好意思、因為想問一些事情。不知道您能否免費解畫？

> 讀心分析：要看情況，基本上，這裡是沒有免費回覆的，事實是我日常工作已經很忙，也沒有可能不停回答問題；所以大家有問題，我還是強烈建議看感情諮詢或一生運程詳批的。
>
> 只是有些剛好題材適合，我可以寫了出來，和大家分享，大家又可以學到東西，我就可以分享，而且必不保證；因為每天信件都如雪片般飛來，只有一個原因，就是市面上能夠幫助你理性而正確去分析感情的人，真的很少。
>
> 不過我也會看完所有來信，雖然未必會回覆。

是這樣的、我最近被一個男人熱烈的追求。送tiffany生日禮物、情人節水晶花禮物、也不是黑心男。

> 可以解碼。能夠送禮物給你的人，必然不是黑心男。

但他是超低學歷、在星加坡很多年上了學英文也沒心學、跟我在高級餐廳不會說英語、說英文也超爛、我想要搶過來點菜的程度，沒教育水平。

這是很糟糕的男人，毫無疑問。他是怎樣當然沒有問題的，問題在於你是否會和他開始，你的擇偶條件如何，對方有甚麼給你。

入鄉隨俗的東西都不會、好像在星加坡大大聲說廣東話、讓整個靜靜的車子之中有星加坡人很在意的中國人存在、被白眼了的感覺不好受。

這就是品的問題。

我跟他說，他回答我，用不著理他們。

你自己心知就可以。你發覺有問題，你說出了，他不以為然，其實你是沒有甚麼可以做的，他也不會改變，而你就知道他的品如何。

這即如去到餐廳，男方用手吃東西，你覺得很沒有禮儀，而全餐廳的人都望著你們，然後你指出用手吃東西是不好的，應該用筷子、刀叉；他對你說：「沒有問題呀，你理那些人的眼光做甚麼？」

好了，這去到你「同意你不同意的東西」的時候了，如果你同意了，繼續由得他而你不再說他甚麼，你就加分。

但問題背後的思考是，他有甚麼可以給你？你跟他吃飯時，他後面有六個隨從，門外有一架銀影勞斯萊斯等著他，這間餐廳其實是他旗下物業，而他也言明，你跟他吃了這餐飯，他會給你十萬元嗎？

如果是這樣，那請你務必不單只不要怪責他，你也務必要和他一

起，用手吃東西，然後大力讚美他。

這樣解釋了甚麼？

就是等價交換。

很多人都不明白，以為男女相愛不是等價交換，其實錯了；男女相愛，當然是等價交換。

在同意你不同意的東西時，你一定要看看對方有甚麼東西讓你值得和他交往下去；在這情況下，我看不到有甚麼東西可以和你交換，而他也沒有甚麼個人修養。

可是我也愛星加坡，不想被星加坡人更加討厭中國人的。平時做著很多讓座位等挽回中國人的面子的事。我之前不知道他這樣的？

這是你自己的觀察力問題，你是否很快和對方開始？很多時候你看一個人，是需要時間的。

最常見是異地戀，我真的打冷震，見了那幾次大家就分開，然後開始在想「只要兩個人一起，就沒有解決不了的問題」，每天只是那個 Skype 看到鏡頭前的對方，就覺得自己和對方有足夠溝通。

你不用時間和對方相處，你必然是不會了解對方。

以後和別人交往，別要貪圖別人熱烈的追求而放大被愛再以為對方就是一個值得交往的人，好嗎？

去酒樓，別要再貪免費送你那些果盤糖水而覺得這間酒樓的菜式很好吃，一定要去，好嗎？

男人追求你，開始時不停找你，很關心你，放大你的被愛，其實不是真實而恆久的愛情，明白嗎？

真正的愛情，必然是兩個人的生活習慣，價值觀，對方的經濟，他有沒有愛你及重視你。

而且，他的品也是很重要。

覺得他追求我很厲害，也待我好。我看到他的真心、也想要給他機會。

可是接受後立即看到他的缺點，這些令我覺得我很失禮。

我也有親手做巧克力給他等回禮儀。他比我大五年左右、30幾、可是愛情中很像小孩子，一個晚餐他可以開心到說50次yeah。

因為他覺得跟我吃飯很開心。可是我自己原本是喜歡成熟的男人。所以我其實覺得有點傻氣的男人沒有吸引力。

如果一個男人無法讓你崇拜，那你必然不會用心對他好，這即如一個月入30萬的大律師，如何崇拜一個月入8000元的茶餐廳侍應，幫他買好線上遊戲回家給他玩，煮飯給他吃，崇拜他可以完美地沖好一杯凍檸茶？

而且之前的男朋友都沒有如他愛常常要一起、一見面就要弄到很夜才捨得離開、令我每次見完都不夠睡。可是那些都是交往後突

然發現的。

我覺得他很專一，也對我好。是好男人，也是比較蠢的男人。

這不是愛，這只是小孩子而已。

如果交往後才發現這樣。但之前也收了禮，剛開始不久又沒可能這麼快說不適合。而上進的心態、學歷等的東西不能改，提出意見也有時繼續自我那怎麼辦？

你無法改變他，你只能夠自己衡量他是否適合自己，你在可能的範圍以內會否找到比他條件好的男人。

因為我之前也有男性朋友常常要照顧他們，已經覺得很累。入鄉隨俗等基本東西也不會做，如果以後要逐樣說，我真的會怕。

這裡零晨一點半多，我因此睡不著所以文章打得有點亂，不好意思。

不會，是你看人不夠細心，未能有能力找到適合交往的對象去交往而已；長線這位男生必不合你，但你也要審視你自己的潛意識是否一開始時就設定要交不適合的人。

CHAPTER FOUR

好心一早
放開我

和心愛男友分手又掛住，如何面對另一段感情

今次和大家分享一個矛盾的個案，説明感性思維如何同時要兩樣立場完全不同的東西，以致在感情路上舉步為艱。

戀情博奕

龍師傅你好，

我前天剛同男友分手，之後在網上找愛情文章看，繼而認識到龍師傅；好可惜我係出事後先睇你的文章，因為我正正就係師傅所講的感性人。

讀心分析：你們永遠都要記著一個想法，而這個想法是你做人的真理，就是在感情上，你必然要充滿理性，這樣你才可以在有限的時間之中找到最有利自己的戀愛。

很多人都不明白這個道理，硬將痛苦演繹為開心，結果一生想找開心，但卻是不停努力去找痛苦；然後不停一次又一次受到傷害，過後努力扮奇怪的去問為甚麼，這樣的人生必然是糟糕的。

我男友對我都幾好的，係師傅所講的有品，愛女友，但外表不算太標青；但我犯了最低等的「做人不是坦白一點好嗎」的錯而導致今次分手。

我今年30歲，28歲先第一次拍拖，第一任男友(A)拍了一年八個月後我提出分手。

分手不久經交友app認識第二任男友(B)，其實識B時我都係剛同A分開，只係想轉移視綫先同B交往。B未同我出街時以經表示好鍾

意我，亦唔介意我剛分手，想成為我新男友安慰我。

未見面就說很喜歡你，這必然只是哄哄你而已，沒有經過了解，
怎會理解為真實？但有很多人都不是這樣想的，見了一次面就
覺得前一百世有緣份，今世來修緣，見面一次就肯定終身可以交
往，及後才發覺大家根本性格不合。

要愛一個人，事先必然要有很深的了解，而了解是需要時間的，
也不是吃那一次飯，對方對自己很有好感就叫做愛。

更何況未見過面？自己想想吧。

於是我試同B去街，但第一次出街時我覺得自己不算喜歡B，但佢的確係好細心，所以我繼續同佢whatsapp.

B追求我一個月後，我哋正式拍拖，但我同A分手只是一個月，所以我唔敢在Facebook之類平台太公開check in或post相（因為我所有親戚有我facebook，我想穩定啲先俾家人知道），B見我唔太post FB後有啲唔開心，我都有post返啲有佢樣的相去令佢安心。

這還好一點，見面一個月拍拖也算是正常。

交往兩個月入面B都係好細心對我，亦有關懷備至，我其實唔係對佢好有感覺，有時發佢脾氣佢都好忍讓。

其實這是很危險的，你發脾氣，沒有問題，但男方有一天對你厭倦了，自然會走；到那時不要扮作很奇怪就可以了。

而在這段關係上，自己也不太喜歡B，所以也不用花太多時間進去，又或者可以解讀為自己也不知道甚麼人才適合自己。

很多人都是這樣的，要愛情很有感覺，要對方很哄女生，要對方很有條件，很有才華，大家要追求愛的感覺；就這樣，這些人就專門去認識那些敢於冒險，四海為家，沒有工作，投閒置散，只憑感覺，甚麼都站著反思一番的人。

很無奈，這種人在感覺過後，就甚麼都沒有，也不實際。

交往半個月時，我忍唔住同A聯絡，俾B發現咗。之後佢選擇原諒，但要我應承佢以後唔可以再搵，而佢唔想感情被瞞騙，話如我有諗起A唔可以呃佢，佢寧願聽真話。

> 他說甚麼，沒有問題的，只是你自己如何想，就必然不需要讓對方知道。

直到上星期，我同B去台灣，因為我同A去過好多地方旅行，我有幾次一時感觸，偷偷流淚俾B發現，當時我唔敢講係掛住A，我怕B會接受唔到。

> 不用太感性了，也不用引起甚麼回憶；如果是這樣，我拍拖多次，次次都必然去過崇光，那我每次經過銅鑼灣，我就必然要哭起來？
> 事情並不是這樣想的，如果是這樣，你應該找回A，但你又主動分手，這是有矛盾的。
> 感性的思維，稱這些為「有意義，有感覺，但卻不可以發展的愛」，偷偷看就可以，偷偷想，就流淚了。
> 不知道我在說甚麼嗎？正常呀，這就是感性思維；在感性思維之中，甚麼都可以說的，亂來也可以的，否則就不叫做感性了，對嗎？

到前幾日，我又覺得好似欺瞞B，而我又真係有諗起A，於是我提出冷靜一下，同一晚我俾我內疚心引發到同B講分手，B以為我係觸佢另一啲事情（隱瞞過去有性病）而提出分手，佢都好自責，無講咩挽回的說話。

> 你真奇怪，A是你主動提出分手的，但你卻掛念著，B　是你主動交往的，但你又想分手；分手後，是找回 A 嗎？我看又不是。
> 那你其實想怎樣？不會找回 A，又和 B 分手？
> 這也是典型的感性思維，要弄到自己甚麼都輸才會罷休。

之後第二晚，我仲內疚，因B以為係自己問題我先同佢講分手，於是我上咗B屋企，同佢坦白，我喊係因為我諗起A。

> 其實這是最不智的做法，以後在說甚麼東西前，都先要想想，為甚麼要說，說了之後對你有甚麼好處。
> 沒有好處的東西，就不要說了。
> 難道你說的目的，是想和 B 分手嗎？
> 也不對，如果想分手，乾脆就分手好了，但我看又不是。

B聽完之後無講咩，好快就送我落樓下坐的士，佢仲擔心我無錢，俾定100元我坐車，當時我以為我哋仲有挽回的空間。

其實我真的不知道你想甚麼，B和你一起，真是他的不幸，也是
他厄運的開始。

你既想和 B 分手，但又想 B 挽回？

挽回甚麼，分手不是你自己提出的嗎？你自己忘記了？

第二日B完全無搵我。

**到今日我whatsapp B，佢完全唔想原諒我，因為佢呢覺得三個月(
追求一個月，交往兩個月)入面，我仲係想起前男友，其次佢對上
一位女友係出軌被佢發現而分手，佢對呢類問題好敏感。佢而家
唔肯見我，最多只准我whatsapp佢。**

其實是你自己破壞這段感情的，你不說，根本 B 不會知道；但你
很想和他說，而你又不想他和你分手，而你又主動提出分手，你
也不是想和 A 重修舊好，和 A 分手是你提出的，但你又喜歡 A，
而你又不太喜歡 B，但你又主動提出和 B 分手，你又想 B 挽回這
段關係，你又對 A 念念不忘，而你不是喜歡 A 的…

這樣的思維，必然不會幫你解決問題，你只會想如何維持糟糕透
頂的狀態，而不想它停止。

我雖然唔係好愛佢，但佢對我真係好好，我希望可以挽救到。

為甚麼你開始時主動和 B 提出分手，及後又想挽回？

這即如一個人，大力摔破一個花瓶，然後又千方百計要讓它好像完好無損一樣。

如果我早點認識師傅，沉住氣，就唔會犯呢個錯誤。

未知而家仲有無任何事可以做呢？

如果 B 找回你，那肯定是他不幸的開始，因為你不知在哪個時候，又會掛著 A，又會不開心，又會觸景傷情，又落淚。

你現時的思維是，一起了，就要努力分手；分手了，就要努力一起。

你自己全力很想讓自己不開心，不幸福，努力將麻煩帶給別人；到最後一句「我不是這樣想的」就很完美。

要挽回感情，你自己先要想清楚到底你想怎樣，如想一起，那就不要再為對方找麻煩了，也別要扮作很有意境的觸景傷情了；如想觸景傷情，不用去台灣那樣遠的，你去銅鑼灣，尖沙咀，旺角也可以；去麥當勞，7-11 也可以，買枝水也可以。

真的不要再這樣了，這樣是在沒有麻煩之中找麻煩，你必然會如願的。

始終whatsapp可以做的「等價交換」太少，我技巧又未到家。

如果他愛你，那你也不需要有甚麼技巧的；但他很愛你，你就不很愛他，你就努力讓他不愛你；到他不愛你了，你就想盡方法讓他愛你。

如果真係不能挽救，我唯有好好咁增加自己技巧，為下次做好準備。

挽救了也沒有用，你的方向完全錯誤。

一群人在釣魚，全部人都圍著那個魚塘釣魚，你釣到一條魚，你對那條魚說：「魚呀魚，你真可憐，我放過你了，你重獲自由吧！」

然後你將那條魚放回魚塘之中，有甚麼事情發生？

當然是會被其它人再釣起，拿去清蒸呀。

要解決問題，並不是解決你眼前的問題，並不是想方法復合，而是你本質上的改變。

你本質上不改變，完全一樣的事情會再次發生，必然會再有分手的命運。

Email有點長，希望師傅有時間能夠回覆我。

當務之急，你必然是先要想想怎樣改變自己。

一個沒有錢的人，沒有賺錢能力的人，必然不是想著如何問人借錢，而是要去想如何找到一份可以賺錢的工作。

短時間內，朋友可以借錢給你，但下個月呢？

自己要想想。

男友分手了，要做回朋友，為甚麼不可以？

今天為大家分享一位網友個案，她和男朋友認識了數年，感情越來越淡，男方在開始時的疏遠，到最後不想見面。

男方 47 歲，一般工作人工不高，平日很自我，打機是他的最大興趣。

但女的決意不放過男方，不停問男方要出來見面，到最後她知道男方不會和她復合了，她就改為要做回朋友。

我分享這個個案想大家學習的重點是，為甚麼男朋友和自己分手了，自己要很執著，一定要做回朋友呢？

這是很奇怪的事情，不做朋友就不可以嗎？

究其原因，是因為自己的心結未曾解開，不停想透過「讓我們好好談一談」，「不停將同樣問題用不同的方式去問而想得到不同的結果」來想看看是否有機會復合。

我只看到，她挽回的機率是零，因為男方去意已決，而女方卻一直不放過自己。

及後我告訴了她，雖然現實很殘酷，但大家都知道我的宗旨及作風，只要那件事情沒有挽回的可能，我就必然會説「絕對不能挽回」，我指出事實。

這總比那些感性作家不停給希望自己，不停説著發夢的事情如「不發生並不代表一定不會發生」，「只要有信念，就必定可以做到」好多了。

事實是，我看不到男方有甚麼等價交換的東西，有的，只是女方執著去愛他而已。

在告訴了她之後，她再傳訊息給我，我很想和大家分享。

戀情博奕

但我真的想去找他認真傾一次，師傅覺得可以嗎？我不想把問題放在心入面，沒解決過似的。

讀心分析：你是無敵了，你知道嗎？你是無敵的。

既然男方去意已決，也說得很清楚，你還有甚麼要和男方好好談一次？你想男方很坦白的告訴你，用身體語言告訴你，他很討厭你，很不想和你在一起，你才會罷手嗎？

為甚麼要將自己的價值放得這樣低？再者，男方的條件真的不是怎麼吸引；嚴格來說，一個洗碗工，分分鐘人工更高，他也不是怎麼有趣；據你自己的描述，他是很自我，內向，不多願說話的人。

問題已經沒有了，但你硬是要說有問題，全世界的人都沒有方法阻止你的。

問題已經解決了，他永遠不會想再和你一起，你承認這個事實嗎？如你承認，那為甚麼要再好好談一次？再好好談一次你會好嗎？

絕不，這只是你現時很想見他，胡亂找出來的借口而已；感性人我很清楚的，因為我每天都見到很多感性人，到你見了他，好好的談一談，他很清楚的告訴你不會再一起時，你就嫌他不夠清楚了。

現時有甚麼東西不清楚？你是要親眼看到他真心再傷害你多一次

嗎？他好聲好氣告訴你，你是不滿意的，你必然要他變了一隻野獸，向你咆哮，你才會滿意？

到時你又會不滿意了，你會全力扮奇怪問他：「你不愛我，那就算了，為甚麼你要這麼凶對我？傷害我？」

其實男方的暗示已經很強了，你如果硬是不聽，夾硬來的話，那他必然知道要用更粗暴的行為及語氣來對待你，到時被傷害的，是你自己。

其實我心知在愛情方面挽回機會是零，但我一直在執著於如何恢復朋友關係。

你心知就好了，為甚麼你要執著要和對方做朋友？

他能夠選擇不和你做朋友嗎？

你是無敵的，你知道嗎？

你自己的執著，必然不會為現實帶來甚麼改變。

即如我在街上遇見一美女，我很想和她做朋友，那我夾硬來，叫她停下，不要動，和我做朋友，這可以嗎？

如果有一個人，你很討厭他，你不願意和他做朋友，那他硬要和你做朋友，不停約你見面，你可以嗎？

當然，在感性的世界裡，是沒有不可以的；如果你的答案是「做朋友而已，為甚麼不可以」，那我可以評定你為一個無可救藥的人。

你自己浪費你自己的時間，那全世界都沒有任何人可以阻止你，
但你必然要為你自己的執著而付出沉重的代價。

當然，你樂意付出青春，浪費青春，那就沒有問題了。

不明白為何一次哭後死纏便朋友都沒得做。

真的不明白嗎？還是扮作不明白？

我打斷了小狗的腿，我在奇怪為何牠不再向我走過來。

我當小狗是我的朋友來的，為甚麼牠不過來？

就是因為你的行為，充份清楚表達了你是一個麻煩的人，知道
嗎？

再者，朋友，為甚麼這麼執著？

如他說「好了好了，我知道我遇到厄運了，瘟神來到了，真對不
起，是我錯了，我們做回朋友了」又如何？

你很執著，是沒有問題的，關鍵在於對方是否會聽你說而已。

如我是那男生，我只當作是遇到瘟神及厄運來臨，我必然會大聲
告訴你，你是我的朋友無疑。

你的舊男朋友會說：

「放過我吧，我知錯了，好嗎？」

為甚麼你硬要將自己變成一個對方最討厭的人？

原因只有一個，是因為你的執著。

而且我已經給了兩個月冷靜期給他，我亦觀察到他已經沒再討厭我。

冷靜甚麼？愛已沒有了，你給他20年冷靜期也沒有用。

他沒有討厭你的原因，是因為你這兩個月沒有去煩他。

但由於他性格本身是一個不愛說話超被動的大男人，所以我會主動多最後一次，希望能面對面有個交談。

不知就裡的人，還以為你很大方，給對方一次機會。

你的男朋友真的不想和你有任何聯繫了，你明白嗎？

有的，都只是你迫出來，他怕你再給他麻煩而已。

他的任何決定我都會尊重他並祝福他。

如果是這樣的話，那就好了，但事實顯然不是如此。

你尊重他，你就不會再找他了。

是否還在想不清楚的事情？

他不找你，他不願意出來，這還不清楚嗎？

你祝福他？你祝福他甚麼？你是真心的祝福他？

如你真心祝福他，那你必然不會再給他麻煩，他不願意見你，你絕對不會強他所難，這才是真正的祝福他。

我們只是性格不合及相處平淡，也沒第三者而分開，所以我不知為什麼要連朋友都不做，希望透過最後一次溝通理解他的想法（我為何傷害他這麼深）。

他其實是傷害你不夠，所以你覺得他不夠清楚。

我看過很多個案，開始分手時男方都會大方，語氣甚好，很有禮貌，耐性地解釋；但到最後他們發覺遇到瘋神時，他們就會知道，必然要用盡一切氣力，將自己最醜惡的一面展示給對方看，這樣對方才會遠離他們。

也想給他知道最後我仍在乎我們之間的感情。

你認為他不知道嗎？你不停給他麻煩，你必然是很愛他才會給他麻煩呀，否則你怎會不停想和他說清楚。

他真的知道了，你不要再認為他不知道了，放過他吧。

希望透過溝通讓佢感覺到我的改變，不再會纏住他。

你如果不再纏住他，你不用告訴他的，你只要不找他就可以了。

為甚麼你可以這麼無敵的，一方面不停在纏繞著他，給他麻煩；另一方面卻說要清楚告訴他你不再纏繞他？

並想親口跟過去三年令他過得不快樂而道歉一次。

不用了，你看到重點嗎？

重點是計較那個道歉的人是你，不是他。

你的邏輯掉轉了嗎？你再想想。

他如果很執著你的道歉，他必然會日夜纏著你，要你道歉，但他有沒有這樣做？

相反，我看到你很執著，要向他道歉，覺得是欠了他。

別再不停打小狗又去告訴牠對牠不起了。

即如我看到一美女，我不放過她，我不停告訴她，我欠她一個道歉，道甚麼歉？

我還告訴她我們要好好談七天，她會很在意我的道歉而出來嗎？

如果是這樣，那我真是無敵了，我每星期就要向不同的美女道歉一次。

對於我來說這次極可能是最後一次見面，但起碼自己為這份感情已努力了，給自己一個放下的理由。

不是的，你必定在見面之後又不放過他的，這是典型的「N=N+1」狀況。

到他答應和你見面之後，你又會用另外一些東西來說的，你開始又會想對他有所缺失，要再見多一次才可以。

那永遠都有多一次見面，你真是無敵神來的。

如你真的放下，那你現在就可以放下了。

你現時不放下，那再見多一次面，你仍然是不會放下。

而對方也當然知道你會這樣的，所以對方執意不和你見面。

再者，你上次的行為已經嚇怕了對方了，你不知道嗎？還是你扮作不知道？

我去找他最後一次會面，大概是我有以下的疑問想不明白，是否做回朋友還有點希望：1.) 為何不看我whatsapp 但又不block 我, 讓我繼續可send msg 給他？

當然不是這樣的，你完全誤會了。

他 block 了你的 whatsapp，那你極有可能給他更大的麻煩，他是怕了你才不敢 block 你的 whatsapp，你別誤會了。

你是因為主觀地想和他做回朋友所以才扮作不知而認真去分析而已。

不若這樣吧，即使他 block 了你的 whatsapp，我提議你可以這樣想：

「有機會復合呀，他身份證還未改名！」

2.) 我去過找他三次 ── 而這兩件事看上去，感覺也是有好轉了。

一次在星期六去等他收工並送了禮物給他，那次是他主動問我吃了飯未，叫我一起吃，但態度一直惡劣，全程吃飯只説了十句話，眼神亦非常看不起我。

> 態度惡劣，全程吃飯只説了十句話，眼神看不起你，這是「願意和你做回朋友」的行為？自己想想吧！

想不明白為何第二次及第三次我去等他還給他東西， 跟他一起吃飯, 態度還像朋友一樣（他是一個不愛説話的人，可以全日不同人講話的），但那天他竟然會主動提出話題，一點都沒討厭我的感覺，我也有問過他還有嬲我嗎，他説沒有了，我話：大家都識咗咁耐，可否不要不揪不睬，他回應他性格是這樣，也有問他得閒一起吃飯好嗎？他説好。

> 他既然不想和你一起了，你為甚麼還要執著和他吃飯？再者，他是否能夠禮貌上回答你「好？」
> 你是否一定要對方很凶的對著你，很明確的表示討厭你，這才夠清楚？
> 所以，再一次印證，有時候女方備受傷害，其實是和對方無關的，是被迫所致而造成這樣的。

從呢件事看上去他比四個月前的見面態度已改善好多了，（之前那次吃飯他的態度直頭不想看到我一樣），但不明白為何仍不看msg，不聽電話。

這還不夠清楚嗎？他不愛你了，他也不想和你做朋友了，你清楚嗎？我想任何人都清楚，只有你最不清楚。

因為你的主觀願望是想和他做回朋友，甚至乎想復合的。

所以想請問龍師傅我跟他現在的情況，能修復朋友關係機率高嗎？

無論是復合，又或者做回朋友，機率等於零。

又或者，我代他答，好了好了，怕了你了，我們是朋友，滿意了嗎？

為甚麼要很執著他是否當你是朋友？

你的執著，累死了你自己，累死了你的青春，浪費了你的時間，而你為了一些沒有結果的愛，顯然一點都不介意。

如果我堅持想去找他最後一次，會令情況更加糟糕嗎？

當然是會變糟糕了，你在向著「我決意要他看到我如見殺父仇人一樣」的路向努力進發。

感謝師傳百忙中抽時間解答我！謝謝。

我知道感性的人，是必然不會分析未發生的事情，必然要親身經歷一次，才會知道有多糟糕的，你努力試一試吧，試過就知道；但過後別要扮奇怪問為甚麼會更糟糕。

再重溫一次：

「理性的人，可以預測九成未發生的事情，而且極其準確；感性的人，不能預測九成未發生的事情，直至親身經歷厄運才知道。」（龍震天））

拍拖十年面臨分手，如何挽救？

我常説，不停地説，你要感情運好，你必然要看很多感情個案，而且是真實的個案。

我也有説過，每個人的感情經歷，必然會不盡相同；你所要做的，是參巧所有不同的個案，從中學習。

有人説，她們很熟讀我的理論，但就是用不出來；原因很簡單，就是因為思考未夠全面，而且未能融貫通。

這次的個案，其實有點複雜；不過只要我們有著思考力，我們不難在理性分析之中找到唯一的正確，對自己最有利的答案。

戀情博奕

龍師傅：

你好！本人看了師傅的網誌已經四年，由完全唔會主動識人，到依家係app識人，只要跟足師傅LAP理論，大部分嘅男士都會對我有好感的。

> 讀心分析：那就好，我常說，只要肯留意及改變自己，將來的運勢必然會不一樣，為甚麼？
> 因為你現在做著和現在不一樣的事情，將來必然會發生不一樣的事情。
> 如果一個人不停沒有改變，那到將來很大機會都會和現在一樣。
> 這是現實生活之中常常發生的事情。很多人都不願意思考，不願意進步，每天都做著同一樣東西，那將來必然不會有改變。
> 不停思考，不停進步，不停改變，就好。

我亦都搵過師傅睇一生運程，師傅讓我找到新方向，真的好多謝師傅嘅無私分享同指點！

現在我處於一個感情問題當中，好想得到師傅指點。雖然大家看完會覺得我自私，但如文章適合，我亦非常樂意師傅和大家分享的。

> 好的，沒有問題，只要題材適合，我必定樂意分享。

感情本來就是自私的，所以也不必太在意；每段感情，你必然要先想自己。

有些人以為找到真愛，覺得自己很偉大，為了對方做了很多事情而不求回報，其實這是不確的。

因為如果愛情路上不顧自己，只顧別人，而別人根本心裡沒有你，又或者不值得，那去到最後，損失的極大可能是你。

當然，有人會不計較的，例如年輕的女生，覺得青春可以浪費，又不介意浪費一生用錢都不買回來的青春，那是沒有問題的，只要自己將來不要後悔就好。

不過，很多人都不是這樣的，她們既要努力浪費又要後悔，這些人都是在虛耗光陰的感性人。

我今年31歲，是一個秘書，大家都說我外表年輕亮麗，追我的很多都比我年輕，最細的比我少六歲。

那上可以解碼，你的外表比實際年紀少很多。

我本來有一個拍拖10年嘅男朋友A，也是文職的，收入比我高，家庭環境比我好。

我們感情一直沒有問題，但他是未有打算結婚的人，而我們的關係亦比較像兄妹。後來，因工作關係A打算同一個女仔開始，但他不是認真的，我知道而且相信他，加上他一樣對我很好的，所以

接受這件事。變成三人行。

人總要為自己打算，拍拖這麼久，必然要想想結婚問題；如對方不打算結婚，那也別指望將來對方突然間有一天會改變主意，自己要想想是否可以不結婚一直拍拖；如可以，那當然沒有問題，如不可以，則要另有打算。

一年前，我認識了一個細我三歲嘅男仔B，B係做媒體的，工作很忙。但佢追我追得很用心，所以我動搖了，我們一起了，A也是知道和接受的。就變了只有我和A知道的四人行。

真的太複雜了，大家都知道對方都有另外結識朋友，然後四個人一起。

最重要是，自己要想想，在一段感情之中想得到甚麼。

因為B嘅工作類型同我好唔同，weekend都很忙，所以這樣的關係一直沒有被發現。B對我是很好的，有跟我說過未來，有同我開聯名戶口。對我非常遷就。而我亦開始比較喜歡B。但被他寵得很幸福時，就把理論都忘了，變得非常感性，也常發脾氣。

如果上班時間不定，見面時間自然少，也是會影響感情的；開始時的追求絕不能作準，交往半年之後的感情才是關鍵。

剛開始時拍拖，要他三天不睡也可以，但這種情況必然不能延續到永遠。

這關係維持了半年，A和那女孩分手了，我以為一切可以回復正軌，但因為我喜歡B，所以我一時間也不知道如何處理，只想拖著。

但過了兩個月A和我提分手，他喜歡上新的女孩，因為他們有更共同的話題和喜好。

> 兩個原因，第一，他和你愛情沒有了，而且很淡很悶，所以他必然想找別的女生試試，你也說和他好像是兄妹一樣。
>
> 第二，有一必然有二，他之前已另外結識了女生，雖然分手，但他已有異心，所以他再另外結交女孩子也是很正常的事情。

我是很錯愕和痛苦的，10年青春就沒有了。

> 也不是很奇怪的，他之前有前科，你也不是另外也交了別的男生嗎？絕不奇怪。

事後我亦反省了，其實我從來都無了解他，一直都像兄妹一樣，依賴他，被他照顧。

> 有可能。可能你將被愛放大了，也沒有甚麼付出，而他也不太需要你，你也沒有甚麼好處給他。
>
> 說到「好處」，有很多偏激，執著，不懂計算的人就出來了，大聲喝罵：

「師傅，和男人交往要好處嗎？如果是這樣，那不如買賣男女關係就好了！我們不是買賣男女關係呀！」

稍安無燥，如果你有此想法，你真的很糟糕。

請你用腦袋自己想一下及分析一下，第一，好處必然不只是說錢，好處可以是細心，品味，責任心，愛。

第二，如果男女關係不是計算好處，那其實你應該找一個坐著輪椅，70歲拿綜緩，小學畢業的老人家去拍拖。

甚麼？你才不會？為甚麼不會？你不是想著男女關係不用提及甚麼好處嗎？怎麼現在又在計較了？

所以，自己必然要想想，別以為自己很忠直，很老實，而每事都照表面去看。

很多時候，我們都必然要計算機會率以及好處的。

但因為我自己都比較喜歡B，所以也沒有再怪他，也很快復原。

但這時候另一個問題又出現，B很忙的，很少時間可以拍拖。沒有了A，我發現我很多空餘時間，加上我和B現在拍拖九個月，正正是剛過熱戀期，B只是想專心做自己的事而開始忽略我。

B 其實是開始對你淡了，A 我也沒有覺得他很愛你，你自己要想想，你必然在這兩段感情之中不能給對方任何好處。

我就不斷纏繞B及不斷發脾氣。起初B都還會哄我，但每日都鬧，他開始不想理會。

時間久了，B自然不會理你，這是合乎人性的。

鬧得激烈的時候，我們都不與對方聯絡。雖然鬧得非常不愉快，但他也沒有說分手，他說希望可以改善好關係，但我們也不知道可以怎樣解決。

B時間忙，事業也對他很重要，所以你必然要接受他，才能改善關係。

但改善了關係又如何？你還要再等他數年，然後才看他是否會和你再進一步？到時你36歲，他才30而已；到五年後，如果他一句「不好意思，我再看多10年」那你怎麼樣？

他是真的看還好，最怕是中途突然間又結識了另外的女生，年紀小他五年，有可能嗎？

絕對有可能！

所以，你和B的關係並不樂觀，也不妥當。

當然，有感性的人趕著衝出來說：「未經歷過的事情，怎知道沒有可能？可能他10年後真的和我結婚呢！」

那你是無敵的了，到時別要經歷了失敗，才去扮奇怪的自言自語「嘻！我試過了！原來是不可能的！他真的走了，我又浪費了五年了！嘻嘻！」就好。

理性的人，必然有九成事情在未發生的時候能夠清楚評估其發展下來的結果，而且百分之一百準確。

我是理性的，我就不看好了，你呢？

我不斷再翻看師傅的文章，我總結了三個重點，希望師傅看是否正確。

1.不可以再感性和發脾氣。要製造正面手影。

2.要同意我不同意的事。交往前，我們的工作時間已經是不同，只是我失去了一個重心，就把所有重心放在他身上。我要同意他專心工作。

3.我要增加其他活動，以減少對佢嘅依賴。

這是對的，不過也要看看是和甚麼人一起，這位男生很忙，而且他也開始淡了，你也好像沒有甚麼能夠吸引到他。

請問師傅還有什麼補救措施嗎？

因為我們不常見面，除了多說鼓勵說話，我不知道如何不見面時都做到正面手影。另外，和他見面如果我突然性格變得很好很有笑容，會像在做戲嗎？

那要看你的戲是否做得很真實，正面未必一定是做戲的，五星級酒店常有好服務及親切笑容，但那位服務員可能昨天剛剛和男朋

友吵架心情不好，你能看得出來嗎？

這就是專業，愛情也是一樣，你必然要做一個在愛情上很專業正面的人，男生才會有興趣和你交往。

還是男生是會接受？之前看師傅文章，如果不是有第三者，感情關係都有救的。我把這段關係破壞到這田地，還有可能令他變回最寵愛我的時候嗎？

對。如果沒有第三者，八成機會都有救，不過有救只代表他不和你分手，是否再進一步如結婚則要看你的本事，他的條件，他有多愛你。

另外，我大他三年，他的經濟其實是不定的。

其實這是致命傷來的，對方經濟不定，必然有很多東西要擔心。

但他的專一性和對我非常好，我評估過自己的需要也不介意。

本來發展下去是有結婚的可能，我們也開了聯名戶口一起儲蓄，雖然不是可觀的數字。但現在一鬧，即使能挽回，會否已大大減低他的結婚意欲呢？

這是當然的，因為你不停在提醒他你是一個不適合的人，去到某個點，他自然會對你採取放棄態度。

還是我應該另覓對象？我一直想找比我年長一點的男士，但追我的總是比我年輕，而且我記得師傅幫我看一生運程，我是比較適合細我兩歲的男生，但他們經濟又不夠定不會很快就結婚。

雖然不能因為年齡就急於結婚，但我生理年齡真的不小了，我真的不知道怎樣才是最好的方法。

必然要再看，因為現時還有機會；別要在落閘放狗時才努力想如何逃出生天。

女人的青春都是有限的，一定要在自己有條件的時候作出最好的選擇。

文章很長，亦有點複雜。感謝師傅閱讀，亦非常期待收到師傅回覆！

男友是否在跟我軟性分手？有機會嗎？

一直以來，都有很多網友來信問感情問題，但我一個人時間不會多，所以也未必能夠一一回覆；但我盡量如果切合題材，而網友也會主動標明可以公開分享的話，我還是會樂意分析的。

我最怕的，是那些來信問些很個人的問題，但又説明不能在網誌上寫，其實這是很困難的。你想想，即使是主動説能夠公開分享，也未必能夠回覆得到，更何況是私人回覆呢。

如果是短短數句可以説出重點，我還是樂意的；不過如果需要詳細分析，則未必可以了。

這個大家可以留意，尤其是那些來信想得到我回覆的朋友。

戀情博奕

龍師傅你好，

最近幾個月才開始追看你的網誌，一看不能自拔，但愈看愈驚，愈看愈擔心，因為很多事情我之前都沒有想到，甚至沒有意識到。

> 讀心分析：這是正常的，因為九成九九的女生，都想男人愛，都想感情運好，但坊間根本就沒有人，可以有大量實例作印證，而且是邏輯的分析。
>
> 我說過多次，如果談情不用邏輯，那必然會一團糟糕。
>
> 理性的人，在感情上很少失手的，因為她們都會只看事實；感性的人，只有感覺，而感覺大部份都不是真實會發生的事情。
>
> 所以很多網友在無意之中看到我的網誌之後，都會不能自制而不停看，因為只有我這裡，你才會找到最妥善處理感情的方案。

希望師傅可以替我分析一下，以下是我的感情狀況（有點長，希望不要介意）：

我今年34歲，樣子漂亮；男友39歲，離婚，獨居，外型好，職業不錯。我們開始後我才知道他離婚的，我當時當然不滿，認為他欺騙我，但最後也是繼續一起。

> 不滿是正常的。年紀也相合，男人開始時隱瞞，有兩個原因，一是專心搵食，二是真心愛自己。

有時候,男人如果遇到有心頭好,就會不惜一切去和對方開始,
這種感覺,相信你我都會有過。

人和人是很奇怪的,總會看到某些人,自己真心的喜歡都不得
了,一定要在一起;到一起的時候,就好像是發夢一樣,開心到
整晚都睡不著。

這才是愛呀!不過年紀長了,開始顧慮的東西也會很多,就未必
會有這種感覺了。

這位男生是否搵食,就要看交往之後的情況如何。

**開始時,他已說明不想太快見家長,但至今拍拖五年,大家還沒
有見過對方家長,我們之間都有共同朋友,但不多。**

這是不正常的,自己也要意會到,他是否不想和你結婚,甚至乎
想再進一步也不想;如果他想和你好好生活,不結婚也好,總會
想見你的家人,去從你的家人去了解你吧?

如沒有,那他真的只是在拖時間。

他在拖你時間,你是否願意拖你自己時間?請你要留意,你的青
春,是一生都永遠買不回來的。

不過,很多人也會既願意又不願意拖自己時間,結果也是在拖時
間。

拍拖初期，相處也算開心，我很多時都會在週末到他家過夜。融洽時間很短暫，我們很快就開始有拗撬。

這是正常的，我幾乎清一色都是在聽到開始時很開心。

的確，開始時不開心，那怎會發展下去？

但關鍵是一起之後半年到一年的穩定期。如果在半年之後開始淡，那雙方也無法再進一步。

淡是正常的，但最重要是兩個人的價值觀，以及生活習慣，對方是否對你用心，你是否不停將被愛放大。

他有點怪，我發覺每次我要求和他合照，他都笑得很牽強，他解釋自己是一個不愛笑和不愛拍照的人（他的確是一個多愁善感的人），但我見他和其他朋友的照片又笑得很開心的，我不滿，問他是否不喜歡和我一起，為什麼有時連手也不願意拖？是否怕給誰碰見？我們經常為此嗌交。

感性人都總會是這樣的，只想著「做人不是坦白一點好嗎」以及「讓我們好好談一談」。

你其實是不用和他談的，你自己知道了，就可以了；你可以選擇不和對方一起。

不過，很多人都是感覺到，但不想承認，而去找些似乎合理的解釋繼續和對方一起，然後浪費自己時間。

又當然，自己也要想想，自己是否一個不值得被愛的人；如不

是，那自己有甚麼東西值得對方被愛？

每次嗌交他都說我很麻煩，真的很麻煩，說我經常令他心情壞
透，問我可否給他自己靜一靜。但其實我也非常不開心，難道我
想他對我好一點，甜蜜一點是錯？

你要他對你好一點，當然是對，關鍵是你如何讓他對你好一點？

不懂思考的人，就會直接要求，直接說出來，這是不行的。

我喜歡一位女生，那我去直接問她「我喜歡你，你喜歡我嗎？不
喜歡？那要怎樣你才會喜歡我？」

請你別見怪，這些小學生的對話，我常常看到女生這樣做。

這樣當然不行。如果這樣行得通，那這個世界就很簡單了。

這個世界，其實一點也不簡單的。

你人工低，你會否直接對老闆說：「你為甚麼不加我人工？你要
我做甚麼，你才會加我人工？」

這樣說當然不行，關鍵在於你是否值得老闆加你人工，你的人工
是否已經很高。

你要想著你要做甚麼才讓老闆賞識呀。

所以，應用在愛情也是一樣，你必然是要去想如何做好自己，如
何讓男人覺得你不麻煩，而很願意和你在一起。

很多女生有一個錯誤的觀念，就是如果男生愛她，他就要為她改
變。

其實這是邏輯謬誤來的，如有此想，又坦白告訴對方的話，那只是在潛意識鼓勵男人不愛自己。

不是嗎？如你愛我，你要和我在一起，你就要改變。

人是不能被改變的，在人是不能被改變的命題下，男人潛意識只會想「如果是這樣，那我不愛你好了，我就不需要被改變了。」

另外，我有幾次問他打算何時結婚，他每次都說自己還沒有準備好，問他是否根本不打算結婚，他沒有回答，最後又是嗌交收場。

那當然了，莫非你想著男方是想和你結婚嗎？

這又去到了「做人不是坦白一點好嗎」的問題，事情，必然不是坦白說出來就好的；有時候，也不是男人故意想傷害女人，但女人會多番強迫男人去傷害自己，到男方真的傷害自己時，自己又全力在扮奇怪了。

你感到奇怪嗎？唔…他真的不想和我結婚？

請你看看以下的句子是否成立，如果他想和你結婚，那背後必然是有一個大陰謀，他其實是想給你驚喜的。

「唔…對，我有問過他多次，他真的說沒有考慮過，但其實他只是害怕我太歡喜，所以故意不說出來而已。

唔…我們雖然吵架，但我感到他是愛我的，他很開心，因為有我愛他。

他是全世界最幸福的人，因為有我愛他。

愛，是不能顧及現實的，他口裡說不想結婚，但其實他很想結婚的。」

以上的東西成立嗎？

如不成立，那你客觀去評估，他是否想和你結婚？

還有甚麼問題？）

我希望可以和他一起生活，於是我找了藉口，要求搬到他家，我知道他不是很願意，但最後也沒有拒絕我。

這可以說是很難看了，明知道男方不喜歡，自己還要夾硬來。

可是嗌交次數有增無減，什麼事都可以爭吵一番。

對，當然是這樣，兩個人本來已經不好，經常吵架，現時還同住，吵架次數當然是多了；莫非你想著你和他見面多了，吵架次數會減少？

而且，我無論做什麼事氹他開心，他都好像冷冷淡淡的，我問他可否給我反應，他就說我很麻煩。

一來他不愛你，二來你做的東西，真的是他想要的嗎？這只是你自己的想像而已。

我無法想像，一個女生，自己想去吃甜品，和男朋友去一間名店

排了兩個小時，男朋友大汗淋漓，她還演繹為陪男朋友去吃，她付出了寶貴的排隊時間。

她其實也知道問題所在，男朋友覺得她很麻煩，那她不能不麻煩嗎？

另外，她感覺到男朋友不想和她住，那她不搬去住，不就是對男朋友好一點嗎？

為何她沒有想過，卻另外去想做些東西要對男朋友好？

明知男朋友不喜歡，卻要去做，然後又想成做了很多東西，這只是自私的心態而已。

我只看到自私，我看不到同理心，我看不到真正的付出。

真正的付出，必然未必是你所願意的，但這才是真正的付出。

真正的付出，絕對不是你付出了自己的青春，時間，去做一些你自以為對的事情。

你只要順著邏輯去想就可以了。男朋友不想和你同住，那你不搬進去住，不就是你對男朋友的付出嗎？

又說我令他家很亂，但我一向也是這樣，他以前會替我執拾的，為什麼之前不是問題？

你問得太天真了，其實是你男朋友也好，男人也好，也是很簡單的。

你男朋友已經說明了不想你搬進去住，而你也讓他家的環境變得

糟糕，為甚麼你從來不會好好想一下呢？是因為你自私無比。

而你還好意思說「以前不是這樣的！」

如你有此說，那我可以很清楚的告訴你，因為你以前男朋友和你剛相識，有新鮮感，所以甚麼都替你做；但去到半年之後，必然去到真實生活。

莫非你開始時和男朋友通宵講電話，大家都很開心，然後一世都是通宵講電話嗎？不用睡覺嗎？

而你會想「你以前每晚都和我談到很夜的，為甚麼你現在變了」這樣嗎？

你這樣做，男人當然會不愛你，這是必然的。

你沒有好好客觀審視自己，而不停將被愛放大。

當然，你也可以再問「為何現在就不能好好愛我？」

如有此問，你是無敵了，因為別人說甚麼，你永遠都可以再問下去的。

另外，他工作很忙，沒有時間陪我，連message也不是經常覆，就算覆也是字數很少，回家後也是忙工作。嗌交時，他會講一些難聽的說話鬧我，他也有提過分手，但我不想。其實我只想他對我好一點，陪我多一點。

那當然了，你這麼麻煩，你男朋友會愛你嗎？

如有此想，請你看這一句：

「因為我很麻煩，因為我男朋友覺得我很麻煩，所以他會越來越愛我，和我結婚。」

如你同意這句，那你必然是無藥可救。

你每天只是有不滿，明知道男朋友不喜歡的，你全做，男朋友要分手，你又硬著頭皮強意挽留，這樣男朋友必然是不愛你的。

你的方向完全錯了，我有很多客人來找我作感情諮詢時，開始時也是感情不順，到後來完全改變了，為甚麼？

就是因為她們想法改變，她們就是要做到溫柔體貼照顧細心，不麻煩，有同理心。

你可以想想循著這個方向做的，不過以我看來，你的想法和這些簡單的準則相去甚遠。

最近，他說不想這樣下去，弄致分手收場，建議我暫時搬走，試試變回半同居狀態，關係反而有機會改善。

那就是軟性分手了，你男朋友在想，其實他是遇著了瘟神，只能定義為不幸。

他心中只是在祈禱，期望你可以主動提出分手，但男人有這些願望，通常是不會達成的。

所以，他其實要你自己浪費自己時間，到你想放手時這段情才會完結。

同一時間，你也要想，即使這段情分手了，你再找另一個男人，同樣的情況還是會存在的。

你說你弄得他家凌亂不堪，而你竟然可以說「這有甚麼問題？他以前也是幫我執拾呀！」讓我心寒。

因為你完全在愛情上抓不到重點，所以只會被人拉著鼻子走。

你的等價交換在那裡？

我當然不想搬走啊！可是情況一直沒有改善，他再三要求，說這樣下去，根本不能解決問題，只會惡化。其實我真的不想分手，畢竟已一起幾年，亦視他為結婚對象，所以唯有答應。之後，我一星期維持四至五天到他家過夜，之後他說工作忙，改為兩至三晚，有時只有一晚，我問他為什麼不會掛住我，他說很忙，沒辦法。

對方其實真的已經很明確了，只是你努力在扮作不知道而已；你是真的不知道，還是扮作不知道？

其實關係有好轉，現在我說什麼他都盡量遷就我，對我的態度比以前好，又會盡快回覆message，嗌交次數少了很多，但我又感受不到他很愛我，所以感覺怪怪的。

他只是不想你麻煩而已，而你一直將被愛放大，不顧對方，自私，所以才會看不到問題而已。

而且，我最近開始閱讀師傅的文章，才知道有「軟性分手」這回事，所以我擔心他其實是想和我分手。

不用擔心，當然是軟性分手；莫非你覺得不是嗎？

但明明見面時，他的態度是比以前好的，也有親密行為，如果他真的想和我分手，為什麼還要花時間和我一起？

因為你會麻煩，所以他才會逐步來；也請你留意，不是他想花時間和你在一起，而是你不肯走而已。

不妨想一下，你現時主動不找他，他會否突然間很想你，不停找你？

如果他不會，那你為甚麼不做？只是感性思維讓你單方面去想，而不敢去做而已。

以他的條件，要開展另一段戀情，一點也不難。我現在真的搞不清楚他是否真的想和我修補關係，還是想分手。

那更危險，你自己要開始打算了。

希望師傅能解答我的狀況，感謝！

可以的，因為你這個問題，其實是很多網友的問題；還有，我語氣是重了些，但我真的很想告訴你事實，現時確切的狀況，而不是哄你有救，你男朋友不珍惜你這類的說話。

依我看，要穩定關係還是可以的，但結婚也會是比較遠的時間，而且你必然要有徹底的改變。

家人強烈反對結婚，去到分手邊緣，怎麼辦？

男女相愛，本來是值得高興的事；男女都有意思結婚，但父母卻在強烈反對，應如何是好？

戀情博奕

龍師傅你好！

我間中都有關注你的文章，覺得龍師傅的正面態度和建議令人終身受用。

而我最近為一個問題所困擾　，無奈怎樣都想不到解決方法，因此特意來信，望師傅指點迷津，亦樂意公開此事給有類似經歷的人參考和鼓勵！

我今年27歲，男友比我少幾個月。

> 讀心分析：男方年紀差自己很多就不好，數個月完全可以接受。

我們因朋友介紹而認識，拍拖而今已有一年。大家都視對方為結婚對象，價值觀相同，相處十分融洽，話題不時有談論未來生活，有藍圖，但現時未有實質計劃。

> 有藍圖就好，拍拖一年未必一定要有很實質計劃，因為雙方年紀也算年輕，不是去到35歲以上，就不用相識一年就要計劃結婚。

因男朋友自己做生意創業，工作收入不穩定；而我工作屬於專業，收入尚算可觀而穩定，說過兩年後會娶我。

> 這沒有問題，只要其中一方是專業人士，收入穩定，問題不大。

當然，男方可能現時工作剛起步，也沒有賺很多錢；但不要緊，只要看到他有想法，有上進心，大家不時互相鼓勵對方，一起有進步，就沒有問題。

兩年後娶你則可以不理，因為沒有實質的東西可以讓大家move on。

如想有計劃，可以大家開一個聯名戶口，大家都存些錢，邊存邊看也是可以。

男方家底算富裕，但工作上不會依賴家庭；我家平庸，與家人關係一般。

他們家庭本身有問題，媽媽因老公有二奶而有情緒問題。

未正式拍拖已經見過男方家人和家姐，一起後間中都會一齊食飯，和去男朋友家過夜。男朋友有跟家人說過視我為結婚對象。

但近幾個月他父母無故對我不滿，說我不適合，挑剔我的不是，還在我男朋友不知情的情況下安排和父母的朋友女兒相親，雙方家長還見過面食飯（其實是男朋友公公的生意夥伴）……我暫時沒有再見他家人，男方其他親戚亦聽到他父母的話說我不好，不支持我們在一起。

這是你的能力範圍之外，你也不能控制，最重要是男朋友喜歡你，你們長大了，自己經濟獨立，要怎樣計劃都可以。

另外為甚麼男方的家人會對自己不滿？自己也要想想，自己是否
去到男方家裡像大小姐般，甚麼都不做；男方的家人其實會很介
意這些。

自己是否沒有主動關心對方家人？有沒有送禮？這些都是很重要
的事情。

別去到男方家裏像個洋娃娃坐著梳化上不動，還要男方家人照顧
你；如沒有則另計，如有，你也要負上責任。

**我男朋友快被他們迫到一個不能承受之點，不知如何是好　，但他
又好愛我，想和我有將來；我也一樣，不想就這樣放棄……**

其實大家都長大了，我也想不到為何要放棄；只是不上男方家，
大家照樣見面拍拖就可以。

當然，如果男方是媽寶，連拍拖的對象都要阿媽決定那就當作別
論，那這個人送給你也不用要。

**現在主觀條件我們絕對沒問題，但客觀條件看來我們沒有將來，
因為他的家人問題。就算我們不理男朋友家人反對結婚，將來也
要面對他家人，最後也解決不了，甚至會因婆媳關係離婚，這是
他會預計到的。**

不會沒有將來的，現時不是學生，大家都有工作，你也是專業人
士，收入穩定，自己搬出來住也可以，只要有想法就有很多東西

可以做。

人大了自然自己有想法，對方家長強迫男方要交別的女生，男方表面上答應，但實質沒有行動拖時間即可；去到一個點男方家長也會妥協。

重點是你到底在男方家做了甚麼，為甚麼他們家人會對你有如此差的印象，你自己要想。

男朋友現在夾在中間已經好痛苦，因他家人的步步進迫，現在既不能改變家人的態度（之前已有為保護我而跟他們吵架，無論講什麼他們也不聽），又好愛我真心想和我有將來。

這只能用時間拖，不用改變他家人的態度，而是讓他們的家人去到一個點也放棄，自己改變態度。

也不用因為你而放棄家庭，我看不到當中有甚麼大問題；如你男朋友真的有想法，那他的家人不諒解，他也只能獨個兒搬出來和你住，然後待他家人態度軟化才和好如初。

如他不想這樣做，那只能說他愛你不夠，那你也不值得花很多時間或愛在他身上。

他是一個孝順的人，知道家人不可以選擇，亦知道不能因為我一個而放棄整個家庭，這亦是人之常情。

孝順可以，但愚孝就是問題。我有一女客人，她媽媽很自私，一

直以來兩個人相依為命，她媽媽從小就說世上沒有男人是好人，
不許她拍拖，結婚，而她真的做到了，因為她相信她媽媽。

你知道嗎？她到現在，還是和媽媽同一張床睡，她要聽她媽媽
話。

而她現時43歲了，她最近才隱約發覺不對勁，世界真是這樣嗎？
拍拖是原罪嗎？

直至近日，她才明白過來，原來她媽媽一直以來都是灌輸錯誤的
價值觀給她。

你的男朋友也是一樣，如果他是媽寶，那也沒有辦法，你和他一
起也是你的厄運。

**他們已約了相親見第三次面，而我男朋友亦得知女方對他有不錯
的感覺，男朋友因家教問題不能推諉，其實他已經拒絕過家人亦
因這問題爭吵過，但可能他想過如果再拒絕，他家人便會更討厭
我…所以今次不能推諉，跟了我說。**

其實這是藉口，也和你無關。如果女方是一件豬扒，二百磅，那
他不喜歡，那和你有關嗎？

當然無關，只是他家太霸道，而他太怕他家人而已。

如果是這樣，你和他一起，你也必然沒有好日子過，因為他愛他
家人多過愛你，而他的家人不愛你。

自己要想，事情必然不會說得很明白，但有九成東西你自己想想

就知道。

關鍵在於他有多愛你,如他很愛你他根本不會和這些所謂相親的女人見面。

換轉是任何一個正常男人,自己不喜歡當然會說不,那會有因為怕媽媽不高興而要去交自己完全不感興趣的女人?

這是常識,我也難以想像在今時今日還會發生。

這個男人是媽寶無疑。

我們也想過好多方法,但現在似乎除了分手,就沒有任何方法去解決這個問題⋯⋯我們都很困擾⋯⋯

情況大致上是這樣,師傅這個情況可以給我們實質的建議和意見嗎?

萬分感謝!

我開始時看起來你們的發展似乎是很好的,但去到後來發覺他的家人很自私。

你再想複雜一點,會否他家有很多錢,怕你和她結了婚分他一半身家?如果他媽找個有錢人家女兒,人家也有錢,就不用分他身家了。

向佢告白，佢原來已經有老婆

作　　者：龍震天
責任編輯：尼頓
版面設計：梁偉傑
出　　版：生活書房
電　　郵：livepublishing@ymail.com
圖　　片：Pixabay、PEXELS、StockSnap.io
發　　行：香港聯合書刊物流有限公司
　　　　　地址　香港新界大埔汀麗路36號中華商務印刷大廈3字樓
　　　　　電話（852）21502100
　　　　　傳真（852）24073062
初版日期：2017年9月
定　　價：HK$88/NT$280
國際書號：978-988-13848-7-4
台灣總經銷：貿騰發賣股份有限公司
　　　　　電話：（02）8227 5988